BIBLIOTHÈQUE ROSE ILLUSTRÉE

LES
PETITS VAGABONDS

PAR

Mme JEANNE MARCEL

ILLUSTRÉS DE 25 VIGNETTES
PAR E. BAYARD

PARIS
LIBRAIRIE DE L. HACHETTE ET Cie
BOULEVARD SAINT-GERMAIN, N° 77
1867

PRIX : 2 FRANCS

BIBLIOTHÈQUE ROSE ILLUSTRÉE

POUR LES ENFANTS ET POUR LES ADOLESCENTS

FORMAT IN-18 JÉSUS

On peut se procurer chaque volume, relié en percaline, tranches jaspées, moyennant 75 centimes; en percaline, tranches dorées, moyennant 1 franc en sus du prix marqué.

Andersen. *Contes choisis*, traduits par Soldi. 40 vign. par Bertall.

Anonymes. *Chien et Chat.* 2e édition. 1 vol. traduit de l'anglais par Mme A. Dibarrart. 45 vignettes par Bayard.

— *Douze histoires pour les enfants de quatre à huit ans*, par une mère de famille. 3e édit. 1 vol. en gros caractères, 18 grandes vignettes par Bertall.

— *Les Enfants d'aujourd'hui*, du même auteur. 1 vol. 40 vign. par Bertall.

Anonyme. *Les Fêtes d'enfants. Scènes et dialogues*, avec une préface de M. l'abbé Bautain. 1 vol. illustré.

Aunet (Mme L. d'). *Voyage d'une femme au Spitzberg.* 1 vol. 35 vign.

Barrau (Th. H.). *Amour filial*, récits à la jeunesse. 1 vol. 41 vign. par Ferogio.

Bawr (Mme de). *Nouveaux contes.* 2e éd. 1 vol. 40 vign. par Bertall.

Beleze. *Jeux des adolescents.* 3e édition. 1 vol. 150 vignettes.

Bernardin de Saint-Pierre. *Œuvres choisies.* 1 vol. 20 vignettes par Bayard.

Berquin. *Choix de petits drames et de contes.* 1 vol. 40 vign. par Foulquier, etc.

Berthet (Elie). *L'Enfant des bois.* 2e éd. 1 vol. 61 vignettes.

Blanchère (de la). *Les Aventures de la Ramée.* 1 vol. 20 vignettes par Forest.

— *Oncle Tobie le pêcheur.* 2e édit. 1 vol. illustré.

Boiteau (P.). *Légendes recueillies ou composées pour les enfants.* 2e édition. 1 vol. 42 vignettes par Bayard.

Carraud (Mme Z.). *Historiettes véritables pour les enfants de 4 à 8 ans.* 2e édit. 1 vol. 94 vignettes par Fath.

— *La petite Jeanne, ou le Devoir.* 3e édit. 1 vol. 20 vignettes par Forest.

— *Les Métamorphoses d'une goutte d'eau*, suivies des *Aventures d'une Fourmi*, etc. 1 vol. 50 vignettes par Bayard.

Castillon (A.) *Les Récréations physiques.* 2e édition. 1 vol. 36 vign. par Castelli.

— *Les Récréations chimiques* (suite aux *Récréations physiques*). 1 vol. 34 vign.

Catlin. *La Vie chez les Indiens*, 2e édit. 1 vol. 20 vignettes.

Cervantès. *Histoire de l'admirable Don Quichotte de la Manche*, à l'usage des enfants. 1 vol. 54 vign. par Bertall et Forest.

Chabreul (Mme de). *Jeux et Exercices des jeunes filles.* 2e édit. 1 vol. 50 vign. par Fath et la musique des rondes.

Colet (Mme L.). *Enfances célèbres.* 5e éd. 1 vol. 57 vign. par Foulquier

Contes anglais, trad. par Mmes de Witt. 1 vol. 30 vign. par E. Morin.

Edgeworth (miss). *Contes de l'adolescence.* 1 vol. 22 vignettes.

— *Contes de l'enfance.* 1 vol. 22 vignettes.

Fath (G.). *La Sagesse des enfants*, proverbes ill. de 100 vign. par l'auteur. 1 v.

Fénelon. *Fables.* 1 vol. 20 vignettes par Forest et E. Bayard.

Foë (de). *Robinson Crusoé.* édit. abrégée 1 vol. 40 vignettes.

Genlis (Mme de). *Contes moraux.* 1 vol. 40 vignettes par Foulquier, etc.

Gouraud (Mme Julie). *Cécile, ou la Petite Sœur.* 1 vol. 27 vign. par Desandré.

— *Le Petit Colporteur.* 1 vol. 30 vignettes par A. de Neuville.

— *Lettres de deux Poupées.* 2e édit. 1 vol. 53 vignettes par Olivier.

— *Les Mémoires d'un petit Garçon.* 2e éd. 1 vol. illustré par E. Bayard.

— *Les Mémoires d'un caniche.* 1 vol. illus. de 75 vign. par E. Bayard.

Grimm (les frères). *Contes choisis.* 1 vol. 40 vignettes par Bertall.

Hauff. *La Caravane.* 1 vol. 40 vignettes par Bertall.

— *L'Auberge du Spessart.* 1 vol. 61 vignettes par Bertall.

Hawthorne. *Le Livre des merveilles.* 2 vol. 40 vignettes par Bertall.

Hervé et de Lanoye. *Voyage dans les glaces du pôle arctique.* 2e édit. 1 vol. illustré de 40 vign.

Homère. *L'Iliade et l'Odyssée*, traduites par P. Giguet et abrégées par A. Feillet. 1 vol. 33 vign. par Leberton, etc.

Isle (Mlle Henriette d'). *Histoire de deux âmes.* 1 vol. 53 vignettes par J. Devaux.

Lanoye (Ferd. de). *Les grandes Scènes de la nature.* 1 vol. avec vignettes.

— *La Sibérie.* 1 vol. 40 vign. par Leberton

— *La Mer polaire, voyage de l'Érèbe et de la Terreur, et expédition à la recherche de Franklin.* 2e édit. 1 vol. illustré de 28 vign. et accompagné de cartes.

— *Ramsès le Grand, ou l'Égypte il y a 3300 ans.* 1 vol. 40 vign. par Lancelot, etc.

LES

PETITS VAGABONDS

LES
PETITS VAGABONDS

PAR

Mme JEANNE MARCEL

ILLUSTRÉS DE 25 VIGNETTES

PAR E. BAYARD

PARIS

LIBRAIRIE DE L. HACHETTE ET Cie

BOULEVARD SAINT-GERMAIN, N° 77

—

1867

Droits de propriété et de traduction réservés

LES
PETITS VAGABONDS.

CHAPITRE PREMIER.

César, Aimée et leur compagnon Balthasar.

Il était une fois, mes petits lecteurs, deux enfants que Dieu avait faits orphelins tout jeunes, et bien avant qu'ils fussent en état de garder le souvenir des soins et de la tendresse que leur avait prodigués leur pauvre maman.

A l'époque où commence notre histoire, l'aîné, un garçon, pouvait avoir neuf ans, peut-être dix, et le plus jeune, une fille, huit ans à peine. Il ne faut pas me demander s'ils étaient jolis; c'était chose fort difficile à découvrir sous leurs haillons, et je ne saurais vraiment vous répondre. Cela, du reste, leur importait si peu, qu'ils eussent été eux-mêmes bien embarrassés de dire s'ils avaient le nez camard ou aquilin ; de la vie, ils ne s'étaient regardés dans un miroir.

Je n'essayerai pas non plus de vous vanter leur intelligence ; ils en avaient, sans doute, mais il n'y paraissait guère, car ils avaient toujours vécu comme des sauvages et ne savaient encore ni lire, ni écrire, ni prier. Ils ignoraient aussi tout ce qui concernait leur première enfance, et ne connaissaient rien des parents qu'ils avaient perdus, ni de l'époque ou du lieu où ils étaient nés. Aussi loin dans le passé qu'ils pouvaient se reporter par le souvenir, ils se voyaient du matin au soir errant sur le pavé de Paris, où ils offraient aux promeneurs des bouquets de roses et de violettes qu'on leur achetait trop rarement, et du soir au matin couchés côte à côte sur de misérables paillasses dans le logis de leur tuteur Joseph Ledoux.

Lorsque César, qui avait par moment des idées vagues et confuses d'un temps plus heureux, s'enhardissait assez pour questionner Joseph, celui-ci répondait invariablement qu'ils n'étaient que de misérables enfants trouvés. Enfants trouvés!... Cela les faisait réfléchir : ils se représentaient tous deux abandonnés sous le porche d'une église, comme ils entendaient dire qu'on trouvait quelquefois des enfants nouveau-nés, ou bien perdus dans un chemin de traverse, au milieu des bois; tels que César en voyait toujours la nuit dans ses rêves, bien qu'à sa connaissance il n'eût jamais été à la campagne. Et c'était pour eux un grand sujet de désolation!...

Ah! si, à défaut de parents, la Providence leur avait seulement donné des amis! Mais l'amitié, douce au cœur des enfants comme au cœur des hommes, leur faisait aussi défaut. Personne ne s'intéressait à eux au delà de cette pitié passagère que leur grande jeunesse inspirait à quelques promeneurs. De temps à autre ils entendaient qu'on disait en passant près d'eux: « Pauvres petits! » Touchés jusqu'au fond de l'âme, ils levaient sur la personne qui avait parlé ainsi leurs beaux yeux pleins de reconnaissance, mais on leur donnait deux sous et puis c'était fini. Ils étaient donc seuls au monde et abandonnés de tous, excepté de Dieu, qui veille toujours sur ses créatures; mais ils ne connaissaient point Dieu.

Si, je me trompe, César et Aimée avaient un ami. Un seul, il est vrai, mais plus attaché et plus dévoué qu'on ne serait autorisé à l'exiger d'un grand nombre. Il s'appelait Balthasar et n'était, hélas! qu'un pauvre caniche aussi mal placé dans la hiérarchie des chiens que ses maîtres dans celle des hommes. D'un extérieur peu fait pour inspirer la confiance, il était horriblement malpropre et avait l'air de porter des guenilles en guise de toison. De plus il avait le malheur d'être maigre à lui tout seul autant que les sept vaches qu'un certain roi d'Égypte vit en songe, comme il est expliqué dans la Bible. Mais cela ne fait rien ; ce ne sont pas toujours les caniches les plus gras et les mieux soignés qui sont les meilleurs et les plus intelligents. Si Balthasar était laid et chétif, en revanche, sa cervelle de chien était bien organisée ; il avait beaucoup de moyens, et, en outre, du cœur assez pour faire honte à bien des hommes. C'était vraiment une bonne et intelligente bête ; et quand je songe aux preuves d'attachement qu'il a données à ses jeunes maîtres, et à sa conduite si sagement raisonnée en mainte et mainte circonstance, je me demande comment il se trouve des gens assez hardis ou assez aveugles pour refuser aux caniches la faculté de penser.

Croyez bien, mes petits lecteurs, que Balthasar ne ressemblait en rien à ces chiens idiots qu'on voit tous les jours s'attacher au premier venu qui veut bien se déclarer leur maître, et sont toujours prêts à s'humilier devant la force. De tels chiens ne méritent seulement pas qu'on daigne s'occuper d'eux. Quant à lui, il ignorait la bassesse et n'avait point tant de servilité dans le cœur au service des hommes.

Son éducation avait été fort soignée ; des maîtres

habiles et bien inspirés l'avaient doté de nombreux talents, dont Joseph Ledoux tirait alors un parti assez avantageux. On ne savait pas en ce temps-là que l'adversité obligerait un jour Balthasar à faire un gagne-pain des tours d'adresse et de force qu'on lui avait enseignés pour charmer ses loisirs et ceux de ses amis. Mais la vie est ainsi faite : personne ne peut répondre de l'avenir. On voit tous les jours les gens les mieux partagés sous le rapport des richesses passer de l'opulence à la misère avec une rapidité bien faite pour donner à réfléchir!...

Quant à Balthasar, il n'était point tombé d'une hauteur vertigineuse; c'était au milieu d'une honnête famille d'artisans, et non dans le chenil d'un grand seigneur, que le sort l'avait fait naître.

Il n'en avait pas moins été très-dur pour lui de se trouver ensuite au service d'un bateleur, et surtout d'un bateleur ivrogne et méchant comme était Joseph Ledoux. Balthasar, vous le devinez bien, je pense, était un chien savant, ou, si vous le préférez, un chien artiste.

Vous énumérer tous les tours qu'il exécutait serait fastidieux; cependant, si cela peut lui procurer une meilleure place dans votre estime, je vous apprendrai qu'il sautait à la corde presqu'aussi bien que les plus habiles d'entre vous; disait l'heure au public avec l'exactitude d'un cadran solaire; mettait bravement le feu à un petit canon de poche, dont l'explosion ne le faisait même pas sourciller; savait, rien qu'à l'inspection de la physionomie, distinguer au milieu d'une foule d'enfants celui qui était le plus aimable et le plus docile, et, de sa patte droite, battait la mesure avec une précision remarquable lorsque son maître jouait du violon. Entre de meilleures mains que celles de Joseph, il aurait pu très certainement se faire connaître et gagner beaucoup d'argent.

Mais je dois, pour être juste, déclarer que l'amour-propre et la cupidité n'étaient point son fait, et que si c'eût été pour sa satisfaction personnelle et par amour de l'or, jamais il n'eût consenti à prendre une sébile entre ses dents et à la tendre humblement à des spectateurs qui, le plus souvent, ne donnent leur centime qu'à regret, et par respect humain plutôt que pour rétribuer honorablement le savoir et l'adresse. En cela, comme en beaucoup d'autres choses, il obéissait à son devoir de préférence à ses goûts.

Tout naturellement César et Aimée chérissaient Balthasar, dont ils connaissaient et appréciaient le dévouement. C'était un vieil ami qu'ils avaient toujours vu près d'eux. Ils le soupçonnaient avec raison de les avoir précédés dans la vie; et, parfois, lorsqu'il fixait sur leurs jeunes visages ses pauvres yeux déjà ternis par l'âge, mais profonds et comme tout chargés de souvenirs, ils s'imagi-

Il sautait à la corde. (Page 5.)

naient que le vieux chien songeait à ce passé si obscur que César faisait de vains efforts pour pénétrer. Malheureusement Balthasar était incapable de les consoler et de les encourager ; il ne pouvait que les aimer ; c'était quelque chose sans doute, mais ce n'était pas assez. Ils le voyaient fort peu, d'ailleurs, car ils étaient obligés de se séparer de lui dès le matin pour se rendre où les appelait leur occupation, et ne rentraient que le soir presque toujours brisés de fatigue et poursuivis par le sommeil.

Quoi qu'il m'en coûte, mes petits lecteurs, je dois vous faire connaître la véritable occupation de César et d'Aimée. Il est donc inutile de vous le dissimuler, leur commerce de fleurs n'était qu'un prétexte pour demander l'aumône ; ils faisaient le honteux métier de mendiants !... Un dur métier, croyez-moi, et qui procure tant de misères, d'ennuis et de fatigues, que je me demande comment il se trouve des paresseux assez mal inspirés pour le choisir volontairement. Quant à mes amis, ils ne l'avaient point choisi, au contraire ; c'était bien malgré eux et tout à fait à leur corps défendant qu'ils s'y livraient. Que cette répugnance les réhabilite à vos yeux et fasse qu'il se trouve pour eux une toute petite place dans un coin de votre cœur.

CHAPITRE II.

Où il est prouvé que la fortune nous arrive parfois à l'improviste, sans être attendue, et qu'elle s'en va non moins vite.

Un jour, c'était vers la mi-avril, le temps était magnifique et tout le monde était dehors. César et Aimée, qui connaissaient les bons endroits, étaient venus, dans l'espoir de faire une recette fabuleuse, se placer à la grille des Tuileries qui ouvre sur la rue Castiglione. Mais à peine s'y trouvaient-ils depuis un quart d'heure que, entraînés par les goûts de leur âge, ils oublièrent la chasse des petits sous pour regarder les enfants qui couraient dans le jardin. Les deux paniers de roses et de muguet gisaient sans plus de façon sur le trottoir; quant à leurs propriétaires, ils suivaient avec un vif intérêt les parties qui se jouaient de l'autre côté de la grille. Ils étaient si complétement absorbés dans leur contemplation qu'ils ne virent point descendre de voiture, à quelques pas d'eux, une jeune et belle dame, laquelle vint droit à César et lui dit en lui glissant quelque chose dans la main : « Prenez ceci et priez Dieu pour qu'il rende la santé à un pauvre enfant dont la mère ne pourrait supporter la perte. »

Mes amis (souffrez que je leur donne ce titre), mes amis stupéfaits n'eurent pas même assez de présence d'esprit pour remercier la jeune dame, qui, du reste, s'était promptement éloignée.

« Que t'a-t-elle donné, César? demanda Aimée.

— Tiens, fit César en ouvrant la main, voilà! Je crois bien que c'est une pièce d'or.

— Une pièce d'or?

— Oui, comme on en voit chez les changeurs.

— Montre un peu.... Oh! que c'est joli une pièce d'or!... Mais elle est bien petite, sais-tu?

— Oh! cela ne fait rien.

— Elle est bonne tout de même, n'est-ce pas?

— Parbleu!... On dirait une pièce de vingt francs.

— Vingt francs!... Montre encore!... Combien cela fait-il de sous, vingt francs?

— Oh! je ne sais pas au juste, mais beaucoup, beaucoup, plein ton panier peut-être!...

« Prenez ceci et priez Dieu. » (Page 12.)

— Tant que cela?

— Pour le moins.

— Et que peut-on acheter avec un panier de sous?

— Tout ce qu'on veut, je pense.

— Vrai, César?... Alors nous sommes riches?

— Bien sûr que nous le sommes.... A moins pourtant que la dame ne se soit trompée.

— Comment donc?

— Eh bien, oui, qu'elle ne nous ait donné cela pour une pièce de cinq centimes.

— Le penses-tu?

— Dame! je ne sais pas.... Mais cependant cela pourrait bien être.

— Comment faire alors?

— Chercher la dame et lui rendre la pièce.

— Oh! ce serait dommage.... J'étais déjà si contente d'être riche!... D'ailleurs, comment veux-tu retrouver au milieu de tant de monde une personne que tu n'as fait qu'entrevoir?

— Je la reconnaîtrai bien, que cela ne t'inquiète pas, viens.

— Allons!... puisque tu le veux.

— Et toi, tu ne le veux donc pas?

— Si fait.... Je serais heureuse de posséder beaucoup d'argent, mais je ne voudrais pas garder une pièce d'or qui ne m'appartiendrait pas....

— A la bonne heure! »

Malgré une persévérance et une bonne volonté fort louables, les deux enfants ne trouvèrent point la dame à la pièce d'or.

« Je l'avais bien dit, fit Aimée en se laissant tomber avec découragement sur un banc de pierre dans la partie la plus déserte du jardin.

— Nous reviendrons demain, répondit César.

— Alors tu ne donneras pas la pièce à Joseph?

— Non. Et toi, Aimée, tu ne lui parleras pas de cela, à Joseph.

— Pourquoi?

— Ne le connais-tu donc pas? il prendrait les vingt francs et les garderait sans s'assurer davantage qu'ils sont bien à lui.

— A propos, que t'a-t-elle dit la dame?

— Elle m'a recommandé de prier Dieu pour qu'il rende la santé à un enfant malade.

— Et tu le feras?

— Sans doute.

— Même avant de savoir si la pièce d'or est à nous?

— Qu'importe!

— Mais comment?

— Comment?

— Oui, que lui diras-tu, au bon Dieu? Comment t'y prendras-tu pour le prier?

— Écoute, fit César comme en cherchant à se rappeler....

— Tu ne sais pas?

— Non, je ne sais plus prier le bon Dieu

— Tu l'as donc su?

— Au fait, non, je ne l'ai jamais su;... qui me l'aurait appris?

— Dis-donc, où le voit-on, le bon Dieu?

— Dans les églises.

— Vrai?... Qui te l'a dit?

— Personne... Mais c'est dans les églises, j'en réponds. Si tu veux, nous irons voir demain?

— Pourquoi pas tout de suite?

— Il est trop tard. A cette heure l'église est déserte, il y fait sombre et tu aurais peur.

— Tu as donc été dans une église, toi, César?

— Je ne m'en souviens pas.

— On le dirait. Moi, je trouve bien extraordinaire que tu te souviennes comme cela de choses que tu n'as point vues. »

César et Aimée arrivèrent ce soir-là les premiers au logis; Joseph s'était, selon toute apparence, oublié au cabaret. C'était si bien dans ses habitudes qu'ils n'en parurent même pas surpris. N'ayant rien de mieux à faire en attendant qu'il lui plût de rentrer, ils s'accroupirent sur leurs talons dans un coin de la chambre, et là, dans l'obscurité, s'occupèrent joyeusement à bâtir des châteaux en Espagne. Avec la pièce d'or (en supposant qu'elle fût à lui et à Aimée) César achetait immédiatement des livres, et allait à l'école où il travaillait si bien qu'au bout de très-peu de temps, six mois au plus grand mot, il en sortait le plus savant de toute la classe. Alors il apprenait un état qui le faisait vivre honorablement, ainsi que sa sœur. Ce n'était pas plus difficile que cela ! Quant à Aimée, un magnifique bébé qu'elle voyait depuis longtemps à l'étalage d'un marchand de jouets du boulevard et qui avait des dents et des cheveux *pour de vrai*, fermait les yeux pour dormir et les ouvrait en s'éveillant, demandait à manger lorsqu'il avait faim et même lorsqu'il n'avait pas faim, appelait son papa et sa maman selon qu'il lui plaisait de voir l'un ou l'autre, enfin un bébé charmant qui souriait sans partialité à toutes les petites filles et leur envoyait des baisers à travers la vitrine où il était exposé, suffisait à son bonheur. César la trouvait bien raisonnable. Mais quelque riche qu'on soit, il faut, si l'on veut être réellement heureux, savoir borner ses désirs.

Ils en étaient là lorsque des pas inégaux se firent entendre dans l'escalier; presqu'aussitôt la porte s'ouvrit avec fracas et Joseph entra suivi de Balthasar. César cacha prudemment sa pièce d'or dans la doublure de sa veste. C'était un misérable que Joseph, et un misérable de toutes les façons; paresseux, ivrogne, méchant, voleur, il avait tous les vices. Les enfants le craignaient et le détestaient.

parce que pour un oui, pour un non, ils les battait comme plâtre, selon l'expression des voisins, qui plus d'une fois étaient venus les arracher à sa fureur. Balthasar, de son côté, lui témoignait beaucoup de froideur et ne lui obéissait qu'en rechignant.

« Ah! vous voilà, vous autres, dit-il en découvrant mes amis dans un coin de la chambre. La journée a dû être bonne par un temps comme cela. Donnez-moi votre argent. »

Par malheur les pauvres petits, comme vous savez, avaient perdu une partie de l'après-midi à regarder jouer les enfants et à chercher la dame à la pièce d'or, et au lieu de deux francs que Joseph leur avait fixés comme minimum de recette, ils ne rapportaient que trente sous. Il allait se mettre en colère lorsque tout à coup il vit briller quelque chose sur la poitrine de César. L'enfant ignorait que le dessus de son habit, aussi clair que du canevas, permettait de voir la malheureuse pièce de vingt francs qu'il avait cru si bien cacher.

Joseph était muet de surprise.

« Une pièce d'or ! s'écria-t-il enfin. Comment César, tu as de l'or !... et tu ne le dis pas tout de suite !... Voyons, donne-moi ça, mon garçon ?

— Ce n'est pas à moi, dit César stupéfait.

— Aurais-tu la prétention de la garder?

— Je te dis qu'elle ne m'appartient pas; on me l'a donnée pour un sou; je le crois du moins.

— C'est trop fort!... Es-tu donc devenu tout à fait imbécile? Si on te l'a donnée, elle est à toi.

— Non, te dis-je....

— Allons! allons, pas tant de raisons. Si elle n'est pas à toi, elle est à moi, j'en fais mon affaire. »

Et Joseph se jeta brutalement sur le pauvre César qui, appuyé par Aimée et Balthasar, lui opposa d'abord une certaine résistance. Mais il n'est pas difficile à un homme de venir à bout de deux enfants de cet âge. Bientôt Joseph put s'emparer de la pièce de vingt francs, et il s'enfuit laissant César et Aimée étendus de ci de là comme des choses inertes sur le plancher de la chambre. Certes ils étaient durs à la souffrance, leur tuteur les y avait habitués, mais jamais encore il ne les avait traités de la sorte et ils pensaient bien que, cette fois, ils n'en reviendraient pas.

Heureusement c'était une erreur, et vers le matin, comme le jour commençait à poindre, ils reprirent un peu courage et se traînèrent sur leurs petits lits où un sommeil profond et bienfaisant ne tarda pas à s'emparer d'eux. Vous pensez bien qu'après une telle scène ils ne furent pas bercés par des rêves positivement enchanteurs, mais enfin leurs traits contractés par la terreur se détendirent un peu, et Dieu leur fit la grâce de se reposer jusque longtemps après le lever du soleil.

CHAPITRE III.

Ce que pense le père Antoine sur la manière dont on doit gagner sa vie.

Ce jour-ci était un dimanche, le beau dimanche de Pâques, si j'ai bonne mémoire ; c'était fête partout, excepté dans le cœur de mes amis, lesquels, tristement assis sur le carreau de leur chambre, songeaient à leur misérable destinée, lorsque par la fenêtre — un châssis en tabatière — que Joseph avait oublié de fermer le soir précédent, ils remarquèrent que le ciel était pur et virent, pour la première fois cette année-là, des hirondelles aller et venir tout affairées sur les toits. Cela leur fit pronostiquer qu'on était enfin débarrassé des frimats et que la belle saison était définitivement arrivée. Ce leur fut une douce consolation, et bientôt l'espoir vint sécher leurs larmes et leur montrer l'avenir sous un aspect plus heureux. Ils se vêtirent, c'est-à-dire qu'ils rajustèrent tant bien que mal leurs habits sur leurs épaules, puis, après s'être consultés, décidèrent qu'ils sortiraient comme les autres jours, bien que Joseph n'eût point préparé leur provision quotidienne de fleurs.

Ils se dirigèrent vers le centre de Paris, cheminant comme ils en avaient l'habitude en se donnant la main. Balthasar les suivit. C'était la première fois que le brave chien les accompagnait, et cela les ravissait de le voir gambader autour d'eux ; car dans sa joie, Balthasar oubliant qu'il était vieux, sautait et folâtrait avec la fougue et l'entrain de la jeunesse.

On descendit comme cela le jardin du Luxembourg, en faisant un détour pour visiter la pépinière, où la végétation, plus hâtive que dans les autres parties du jardin, offrait déjà aux yeux ravis de nos petits promeneurs une assez grande variété de fleurs, que faisait admirablement ressortir la verdure d'avril, si belle à voir en sa fraîcheur et sa jeunesse. César et Aimée, d'ailleurs, se plaisaient au milieu de ces arbustes presque tous indigènes, ou, du moins, qu'une longue acclimatation nous a rendus familiers. Ils en savaient les noms ; c'étaient d'anciens amis. Ils aimaient aussi à voir les pêchers, les poiriers, les cerisiers, les amandiers se couvrir de fleurs ; puis à considérer comment, en quelques mois, se formaient et mûrissaient les belles grappes de raisin qu'on apercevait au milieu du feuillage épais et dentelé de la vigne.

L'aspect de toutes ces choses, aussi belles qu'intéressantes, faisait rêver César ; il lui semblait toujours qu'il les connaissait de longue date et pour les avoir vues ailleurs qu'à Paris.

Mes amis étaient fort au courant des différentes époques où mûrissaient les fruits de la pépinière, car tous les matins ils venaient les admirer, les convoiter peut-être, et juger des progrès qu'ils faisaient d'un jour à l'autre.

Ils savaient aussi que l'hiver était proche quand les arbres, dépouillés de leur récolte et n'ayant plus rien à abriter, laissaient tristement tomber leurs feuilles. César et Aimée n'aimaient point à voir la terre jonchée de ces débris de feuillages, que, contrairement aux autres enfants, ils ne prenaient aucun plaisir à écraser en les faisant crier sous la semelle de leurs souliers. Mais à l'époque dont je parle, le printemps commençait à peine et les deux enfants ne songeaient point, Dieu merci ! aux dures gelées de décembre.

Ils prirent donc par la pépinière, s'arrêtant pour prodiguer aux gazouillements vulgaires du pierrot et aux vocalises brillantes et hardies du rossignol les mêmes applaudissements. Ils n'avaient pas assez d'expérience pour juger et comparer, et trouvaient les chants de l'un et de l'autre également admirables. En fait de jouissances, comme vous pouvez croire, ils n'avaient point été gâtés; c'est pourquoi tout leur semblait bon; ils n'étaient pas difficiles. N'importe, ils étaient heureux et c'était le principal, n'est-ce pas?

Après s'être suffisamment promenés, à leur idée, ils sortirent du Luxembourg par la grille de l'Odéon, et de là se dirigèrent tout droit vers la rue *Saint-André des Arts*. C'était un chemin qu'ils connaissaient de reste, car ils l'avaient fait plus d'une fois depuis le commencement de l'hiver. Ils pensaient rencontrer, dans cette rue, un brave et digne homme qui, par pitié, voulait bien leur porter quelque intérêt. « Comme nous serions heureux si, à la place de Joseph, c'était lui qui fût notre tuteur! » se disaient-ils souvent en admirant sa bonne et honnête figure encadrée de cheveux gris que recouvrait invariablement un bonnet de laine noir.

D'après cela, vous comprenez que ce n'était pas non plus un puissant personnage. Non, bien sûr. On l'appelait le père Antoine, et, tant que durait l'hiver, il faisait rôtir et vendait des marrons à la porte du marchand de vin dont la boutique fait le coin de la rue *Saint-André des Arts* et de la rue *Gît-le-Cœur*. César et Aimée avaient fait sa connais-

Il faisait rôtir et vendait des marrons. (Page 24.)

sance un jour de détresse, un soir qu'ils avaient perdu leur chemin et erraient par là comme de pauvres âmes en peine, aveuglés par la neige et le grésil qui, tombant fin et dru, leur cinglaient le visage comme eussent fait des aiguilles. Le père Antoine, dont l'âme était bonne et accessible à la pitié, parce que lui-même, dans sa jeunesse, avait connu la misère, les fit entrer dans son échoppe et se mit en devoir de les réchauffer et les consoler, leur promettant de les remettre bientôt dans leur chemin et même de les reconduire, s'ils craignaient encore de se perdre. Mais, tout en approchant leurs petites mains du fourneau, le bonhomme découvrit qu'ils étaient dans un grand état de faiblesse et qu'ils avaient encore plus besoin de nourriture que de bonnes paroles. Pauvre lui-même, il fit ce qu'il put et les réconforta de son mieux avec le reste de son déjeuner. Puis, en les quittant, il leur fit promettre, si un tel accident se renouvelait, de venir le trouver tout droit et sans hésitation. Je ne vous surprendrai sans doute pas beaucoup, mes petits lecteurs, en vous disant qu'ils auraient pu se rendre souvent à l'invitation du père Antoine. Joseph oubliait deux ou trois fois par semaine, au moins, de leur donner à dîner ou à déjeuner. D'un autre côté, il les avait tant et tant menacés de les faire mettre en prison s'ils touchaient à l'argent de leur recette, qu'ils n'osaient en distraire un sou pour acheter du pain. Cependant, guidés par un sentiment de délicatesse instinctive, ils mettaient beaucoup de discrétion dans leur conduite et ne venaient trouver le brave homme qu'à la dernière extrémité.

Ils se dirigèrent donc vers la rue *Saint-André des Arts*, comme je vous ai dit; mais hélas! un immense désappointement les y attendait : le père Antoine n'était plus dans son échoppe. Ce qu'ils ressentirent en présence de ce nouveau malheur est impossible à exprimer. Ils n'en pouvaient croire ce qu'ils voyaient, et restaient là sans bouger, tout droits sur leurs jambes et les yeux fixés sur cette pauvre petite place où se tenait jadis leur Providence. Les pauvres innocents! ils ne savaient point que, contrairement aux hirondelles, les marchands de marrons émigrent dès les premiers beaux jours. Eux qui vivaient dans la rue, et devaient, malgré leur jeune âge, y faire tant d'observations, ils n'avaient point remarqué cela.

Le premier moment de stupeur passé, ils fondirent en larmes. C'était navrant de les voir comme cela, rangés côte à côte sur le trottoir qu'ils encombraient!

Balthasar, assis entre eux deux, fixait alternativement sur l'un et sur l'autre des yeux si profondément attristés, qu'on eût dit qu'il pleurait lui-même. Mais personne ne faisait attention à tant de désespoir; c'était dimanche, comme vous savez; les bonnes gens pressés de se rendre à leur promenade ou de jouir de leur liberté, allaient et venaient sans s'occuper les uns des autres. César et Aimée étaient là se désespérant depuis un grand quart d'heure, lorsque le timbre d'une voix bien connue vint frapper leur oreille ; ils s'avancèrent et virent alors chez le marchand de vin le père Antoine endimanché, qui, un énorme morceau de pain à la main, déjeunait de bon appétit, debout près du comptoir, en causant avec la marchande. Lui, tout d'abord, ne les vit pas. Quant à eux, un peu calmés à la vue inespérée du brave homme, mais tout intimidés par les beaux habits dont il était revêtu, ils n'osaient lever les yeux sur lui et se contentaient de le regarder en dessous. Antoine avait fait cette superbe toilette parce qu'il se disposait à partir ; comme il était fier, il ne voulait pas en voyage être pris pour un paresseux, un vaurien ou un homme sans ordre qui ne sait pas économiser quelque argent pour se vêtir honorablement. Mais mes amis, qui ignoraient tout cela, ne parvenaient point à s'expliquer cette belle veste et ce beau pantalon de velours, et ces rustiques souliers auxquels le cordonnier avait prodigué les clous, et cet ample chapeau de feutre au lieu du bonnet des jours ordinaires. Cela ne dura pas longtemps ainsi, parce Balthasar, qui voyait sans doute ce qui se passait dans l'esprit de ses jeunes maîtres, se mit à japper bruyamment et, tout de suite, le père Antoine se retourna pour voir ce que c'était.

« A la bonne heure ! s'écria-t-il en apercevant les deux enfants. Je me disais bien que je ne pouvais quitter Paris et faire un bon voyage sans avoir, auparavant, embrassé ces deux petites créatures-là ! »

Il les fit entrer et partagea bravement son pain avec eux.

« Bon ! fit-il, en répondant aux regards surpris de la marchande, j'en avais quatre fois trop... N'est-il pas honteux qu'un seul homme engloutisse à son repas ce qui peut suffire à trois personnes ? »

Puis s'adressant aux enfants :

« Ça, mes petits, leur dit-il avec bonhomie, nous allons nous séparer, mais pas pour toujours. S'il plaît à Dieu, je reviendrai encore dans six mois par ici vendre des marrons aux Parisiens. Mais, pour le moment, la saison est close, et il me faut retourner au pays.... L'été, moi, je suis comme les grands seigneurs, et ne saurais vivre autre part que dans les champs, avec nos bêtes et les oiseaux du bon Dieu. Que voulez-vous ? je ne suis pas subtil de mes dix doigts ; et Paris, où tant d'autres gagnent des cent et des mille, ne m'offre que la ressource de balayer ses ordures. Merci ! Je suis trop délicat pour accepter.... J'aime un million de fois mieux sarcler nos champs ou faner au soleil l'herbe de nos prairies, dont la bonne odeur, quand vient le soir, nous console des fatigues du jour. »

Mes amis le regardaient avec admiration; jamais encore ils n'avaient entendu si bien parler et dire de si belles choses.

« Mais je m'aperçois, reprit le père Antoine, que la joie me rend bavard et égoïste.... C'est que vraiment on ne peut se défendre d'être heureux à l'idée qu'on va revoir son vieux clocher; puis sa petite maison, un trou, une cabane.... Dame! au point de vue de l'argent, ça ne vaut pas grand chose;... mais on y est né, et on rêve d'y mourir; puis les vieux amis qu'on a laissés au départ, et qui vous attendent là-bas, et enfin les petits-enfants, les enfants des enfants, quoi!... Il y en a de votre taille, puis d'autres qui sont plus grands, et d'autres encore qui sont plus petits. Ils sont là, je ne sais combien vraiment, de tous les âges et de toutes les hauteurs, qui accourent à ma rencontre à qui sera embrassé le premier. Moi, qui suis, pour certaines choses, plus faible qu'une femme, ça me rend heureux et ça me fait pleurer.... On n'a pas idée de ces choses-là quand on n'y a point passé.... Enfin! c'est en souvenir de tout ce petit peuple que je me suis attaché à ces deux-là. »

Tout en causant, le brave homme regardait tour à tour la marchande et les enfants; mais on voyait bien qu'il s'adressait surtout à lui-même.

« Vous ne pouvez pas me comprendre, vous autres, dit-il à mes amis. Quant à la campagne, elle vous est inconnue. Qui donc vous aurait appris combien il est bon de contempler tous les jours un ciel à perte de vue, des bois, des champs, des prairies, des rivières, des chemins poudreux, des berges gazonnées de pâquerettes que le bon Dieu prend la peine de semer lui-même? Personne, n'est-ce pas?»

Pendant que le père Antoine achevait son frugal repas, la boutique du marchand de vin s'était remplie. Toutes les connaissances du brave homme, tenant à lui souhaiter un bon voyage, étaient venues lui serrer la main avant son départ. Tous avaient un souvenir et un souhait pour le pays. On parlait des vieux amis; de ceux qui vivaient toujours et de ceux qui n'étaient plus.

« Tu reverras Martial, disait l'un; est-il bien vieilli? a-t-il beaucoup de petits-enfants? son fils est-il soldat?...

— Et le père Léonard, disait un autre, comment porte-t-il ses quatre-vingts ans?

— Et Jean! disait encore un autre, est-ce que tu verras Jean? On dit qu'il fait du charbon dans la forêt de Fontainebleau.

— Ah! oui, Jean, répétait-on en chœur, quel bon camarade il faisait dans le temps!... Si tu vas le voir en passant, donne-lui donc une bonne poignée de main de ma part, » etc., etc.

Balthasar, ému sans doute de voir tous ces braves gens réunis, allait de l'un à l'autre, leur prodiguant les avances et les amitiés. On lui fit fête sans se demander à qui il appartenait ni d'où il venait. Sa bonne et intelligente physionomie lui tenait lieu de passe-port. Enhardi par ce bienveillant accueil, et sans doute aussi pour montrer aux amis du père Antoine que leurs caresses ne s'égaraient point sur un caniche ingrat, il se mit joyeusement, et sans y être invité, à exécuter quelques-uns de ses tours les plus simples, comme de se ramasser en boule et de rouler sur lui-même à l'imitation des clowns qui font la culbute; de s'étendre tout de son long sur le parquet pour contrefaire le mort; de courir, en allongeant précieusement les jambes, et bondir par-dessus des obstacles — obstacles imaginaires, puisque Joseph n'était pas là pour lui en tendre de réels — comme un cheval de course qui franchit des barrières. On avait pris goût à ces jeux et on y applaudissait, ce qui encourageait et animait Balthasar; il se sentait apprécié. A la fin, tout essoufflé et la poitrine haletante, il disparut, mais pour reparaître presque aussitôt une assiette entre les dents. Alors, entraîné sans doute par l'habitude, ou poussé par tout autre motif que j'ignore, il fit le tour de la salle en s'arrêtant respectueusement devant chacune des personnes présentes. Il recueillit environ cinquante centimes qu'il s'empressa de rapporter à ses jeunes maîtres; lesquels, n'osant se montrer devant tout ce monde, se cachaient timidement derrière le père Antoine.

« Çà, leur dit le brave homme, ce chien est-il donc à vous !

— Oui, répondit Aimée en caressant le caniche, c'est notre ami Balthasar et nous l'aimons bien.

— Il le mérite ; je ne crois pas avoir jamais vu un chien si habile et e pense que vous pourrez en tirer de l'argent; mais si vous m'en croyez, c'est autrement que vous chercherez à gagner votre vie. Le métier que vous faites là, voyez-vous, c'est un métier de mendiants.

— D'ordinaire, Balthasar ne nous suit pas; ce n'est pas avec nous qu'il travaille, mais avec Joseph.

— Qui ça, Joseph ?

— Notre tuteur.... Notre métier, à nous, c'est de vendre des fleurs dans la rue....

— Oui, oui, je sais. Mais ce n'est pas encore là ce qu'il faudrait faire.... Écoute, César, à ton âge, j'allais aux champs garder les chèvres et les moutons de nos voisins. J'y gagnais mon pain quotidien et cent sols par mois. C'était peu, mais j'en faisais assez. Avec cela, tu penses, je n'avais pas souvent des culottes neuves, et comme ma belle-mère, — j'avais une belle-mère, moi, — ne me raccommodait jamais les vieilles, il n'y avait pas de danger qu'on me prît pour un fils de millionnaire. Mais des vêtements déchirés, c'était la moindre des choses et j'allais avec cela comme à vide. Seulement, mon petit, ici s'arrêtait mon insouciance; quoique bien jeune, j'aurais eu honte de mendier. Au pays, on regarde cela comme un déshonneur, et on a raison; car un cœur bien placé ne se résigne pas aisément à vivre aux dépens d'autrui..... Oh! quand on ne peut pas faire autrement, quand on est infirme, je ne dis pas.... N'importe, c'est toujours un malheur !... Mais pour un homme solidement établi et qui possède ses membres au grand complet,... c'est le dernier des derniers; on ne peut descendre plus bas,... à mon sens, du moins. Ce que j'en dis n'est pas pour moi, — il ne m'appartient pas de me proposer en exemple,... je ne serais d'ailleurs qu'un triste modèle à imiter, car je n'ai point fait fortune, — mais pour vous, qu'il me peine de voir traîner une si misérable existence. Je sais bien, mon Dieu, que mes paroles sont inutiles pour le moment;.... à votre âge, on ne peut rien par soi-même, et votre tuteur ne me paraît pas homme à écouter mes raisons.... N'importe, je suis d'avis qu'on fait bien, lorsque l'occasion s'en présente, de laisser tomber quelque semence dans une terre fertile peut-être, quoique mal préparée, et qui sans cela pourrait demeurer à jamais improductive. La bonne saison venue, Dieu aidant, il lèvera toujours quelques touffes de bon grain, et c'est autant de gagné.... Mais nous reparlerons de cela dans six mois. En attendant, priez Dieu pour qu'il ne vous abandonne pas, et tâchez de conserver les bonnes qualités qu'il vous a données. »

Ce disant, le brave homme boucla sa valise et la mit sur son dos comme un sac de soldat; puis, ayant embrassé les deux enfants, il prit dans un coin de la boutique son bâton de voyage et partit en faisant résonner sur le pavé les nombreux clous de ses souliers. Nos amis, et Balthasar avec eux, debout sur le seuil, le regardaient tristement s'éloigner; mais au détour d'une rue, il disparut, et tous trois se retrouvèrent cette fois réellement seuls et abandonnés.

CHAPITRE IV.

César et Aimée devant l'église Saint-Séverin.

Le père Antoine leur avait dit de prier Dieu ; c'était la deuxième fois depuis deux jours que la même recommandation leur était faite, et cela les préoccupait beaucoup, parce qu'ils ne savaient pas prier. Pourtant, après s'être consultés, ils prirent congé de la marchande de vin, qui s'était montrée bonne pour eux, et se rendirent à l'église Saint-Séverin. Mais retenus par une extrême timidité, ils s'arrêtèrent devant le portail, et là, le visage collé sur les barreaux de la grille, regardèrent en silence les fidèles qui entraient et sortaient, leur livre de messe à la main; puis un mendiant assis sur un escabeau près de la porte, et une mendiante, sa femme sans doute, qui se tenait sur un autre escabeau. L'homme était aveugle,... d'après un écriteau qu'il portait sur la poitrine, mais nous n'oserions affirmer qu'il le fût réellement. La femme avait les poignets retournés ; ce qui ne l'empêchait point de secouer avec une persistance effrontée, sous le nez des gens qui passaient devant elle, un large gobelet d'étain dans lequel deux ou trois gros sous faisaient un tapage agaçant. L'homme gardait une immobilité de statue.

Nos amis étaient là depuis quelques minutes, lorsque leur extérieur misérable excita la compassion de deux dames, lesquelles glissèrent dans la main d'Aimée une légère aumône.

« Qu'est-ce que c'est, demanda l'homme en se détournant, on nous fait de la concurrence ?

— Si vous ne partez pas, ajouta la femme aux poignets retournés, je vous tire les oreilles ! Qui est-ce qui vous a donné la permission de vous planter là et de recevoir les aumônes qui nous sont destinées ?... Ça ne va pourtant pas déjà si bien, ajouta-t-elle en regardant son compagnon.

— Attendons la sortie de la grand'messe ; toutes les dames du quartier y sont entrées.

— Peuh ! qu'est-ce que tout cela ?

— Le beau temps va les disposer en notre faveur et leur faire délier les cordons de leurs bourses.

— Laisse-moi donc tranquille !... Elles vont rester là des heures à causer, à secouer leurs jupes, à

« Si vous ne partez pas, je vous tire les oreilles! » (Page 38.)

encombrer le portail de telle façon que les bonnes gens qui nous assistent les autres dimanches ne nous verront seulement pas.

— C'est pas tout ça !... Il y a déjà cent fois que je te le dis et te le répète, ce sont les quêteuses de l'intérieur qui nous font du tort.

— On en fourre partout, c'est vrai,... et des enjoleuses !... Faut les entendre dire avec leur petite voix flûtée, « Pour les pauvres !... » On croirait qu'il s'agit de leurs propres intérêts, parole d'honneur ! Avec tout ça, les sous qu'on leur donne ne tombent point dans nos gobelets.

— C'est une injustice, une indignité !...

— Je le sais aussi bien que toi...

— Ça devrait être défendu !...

— Quand tu me chanteras toujours la même histoire !... Est-ce que j'y peux quelque chose, moi ?

— Que veux-tu ? on dit ce qu'on pense.

— Oui, mais c'est aux oreilles de M. le curé qu'il faudrait corner ça. »

En ce moment passait une dame ; la mendiante secoua son gobelet.

« Combien t'a-t-elle donné ? demanda l'homme.

— Deux centimes !... tout cela !

— Elle fait ce qu'elle peut, c'te femme.

— Parbleu ! c'est gênée....

— Tous les dimanches tu as son offrande.

— Elle est jolie, l'offrande.... Ça dépense trop pour sa toilette. Quand on n'a pas le moyen de donner plus de deux centimes, on ne porte pas de robe de soie.

— Qu'est-ce que ça te fait?

— A moi? Rien; je m'en moque... Mais ça vous révolte de voir ces choses-là. »

Il sortait un monsieur qui donnait le bras à une charmante jeune fille. La mendiante s'enfonçant sous sa capeline et mettant ses poignets en évidence, prit un air piteux et dit d'une voix larmoyante:

« Ayez pitié d'une pauvre femme qui ne peut se servir de ses mains, et d'un pauvre homme que le feu du ciel a rendu aveugle! »

A votre âge, mes petits lecteurs, on doit sympathiser avec toutes les infortunes; pour rien au monde, je ne voudrais vous froisser dans vos sentiments de charité, ou vous mettre en garde contre la sensibilité si naturelle de votre cœur d'enfant. C'est pourquoi je vous prie instamment de ne pas juger des malheureux qui vous tendront une main suppliante d'après les êtres indignes d'intérêt qu'à mon grand regret, je viens de vous présenter. Du reste, les enfants qui voudraient que leur pitié ne fût pas surprise quelquefois, devraient se résigner à ne jamais faire l'aumône, ce qui serait triste pour eux et cruel pour les pauvres. Donnez donc votre sou. Si par hasard un doute vous traversait l'esprit, dites-vous qu'il vaut mieux se tromper dix fois que de laisser un seul instant une misère vraie sans être secourue. Encore un mot : parmi les misérables, il en est qui sont jeunes et auxquels l'avenir promet de nombreuses années. A ceux-là, il ne suffit pas de donner votre sou ; il faut encore les aider à sortir de la misère. C'est difficile. Cependant on y réussit quelquefois en s'adressant à leur intelligence, en leur indiquant les ressources qu'ils peuvent trouver en eux-mêmes ; en leur inspirant de la confiance en Dieu et en leur destinée. Et, croyez-moi, vous aurez plus de mérite à cela qu'à les combler d'aumônes jusqu'à la fin de leurs jours.

Le monsieur et la jeune demoiselle qui sortaient de l'église laissèrent tomber quelque menue monnaie dans le gobelet de l'aveugle et dans celui de sa compagne ; puis, mes amis, avec leur mine à la fois craintive et sauvage, attirèrent l'attention de la jeune fille.

« Et ces pauvres enfants, mon père, dit-elle, ne leur donnerez-vous rien ? Voyez comme ils ont l'air timide ! »

Le monsieur donna cinquante centimes à César, qui, au lieu de dire merci ! se prit à rougir. L'enfant avait encore toutes fraîches dans l'esprit les paroles du père Antoine.

« Ah ! çà, vous autres, s'écria la mendiante

lorsque le monsieur et la jeune fille se furent éloignés, allez-vous bientôt partir, avec votre air timide?

— Nous sommes venus pour la messe, dit Aimée, et non pour vous faire du tort.

— Il y paraît!... Pour la messe!... Vous l'entendez d'ici, la messe, n'est-ce pas?... Allons, allons, quittez la place tout de suite, et faites en sorte qu'on ne vous revoie plus, .. ou bien vous aurez de mes nouvelles. »

Ce disant, elle s'était levée. Mes amis, effrayés, se sauvèrent en emportant le regret de n'avoir pu pénétrer dans l'église et prier Dieu pour l'enfant de la dame à la pièce d'or.

CHAPITRE V.

Fuite de mes amis.

Ils marchèrent longtemps à l'aventure et par des chemins qu'ils ne connaissaient pas. C'était Balthasar qui les conduisait.... Enfin ils se trouvèrent dans la campagne. Alors, effrayés de leur audace et fatigués, ils s'assirent sur le bord d'un fossé pour se reposer et réfléchir.

Quand je dis qu'ils se trouvaient dans la campagne c'est une manière de parler, car vous savez aussi bien que moi qu'on ne peut appeler ainsi que par complaisance les quelques champs qu'on rencontre, au sortir de Paris, entourés de maisons blanchâtres, de fabriques et de carrières de moellons. Mais, pour Aimée, c'était nouveau et elle s'extasiait sur toutes ces abominations avec une bonne foi qui vous eût fait sourire. Elle rappelait, moins la suffisance et la fatuité, le rat de la fable lorsqu'il sort de son trou pour la première fois.

« Voilà donc, s'écriait-elle, les champs, les bois, le ciel dont nous parlait le père Antoine!... Que tout cela est beau! n'est-pas, César?

— La campagne que je vois dans mes rêves, répondait César, est bien autrement belle et imposante que celle-ci : figure-toi, Aimée, de grands espaces, aussi loin que ta vue peut s'étendre et bien au delà encore, entièrement couverts de verdure, où, de distance en distance, des troupeaux de bœufs et de moutons paissent de l'herbe dont les fleurs sont roses et presque aussi parfumées que nos violettes; puis des bois dont on ne découvre jamais la fin, des montagnes de rochers entassés les uns sur les autres jusqu'au ciel, et au bas de ces rochers des ravins si profonds qu'on ne peut y jeter les yeux sans avoir le vertige.

— Il n'y a donc pas de maisons?

— Oh! si, mais toutes petites et non pas blanches comme celles-ci; de loin on n'en découvre que le toit qui sort des arbres.... N'est-ce pas, Aimée, que c'est bien extraordinaire de rêver toujours de ces choses-là?

— Oui, bien sûr....

— Et toujours les mêmes. Rien ne change; c'est toujours les bois, les champs et les montagnes, que je te dis. Puis, dans ces bois, où par endroits l'ombre est si épaisse qu'on dirait qu'il y fait nuit, même au milieu du jour, des hommes, à l'aide de grosses cordes, tirent, pour les faire tomber, sur des arbres dont on a coupé les racines et qui sont encore plus hauts que les plus hautes maisons de Paris. Plus loin, dans les montagnes, d'autres hommes fendent les roches et les divisent en fragments comme ces pavés que tu vois entassés ici près de nous. A un certain moment, les ouvriers prennent leur repas, ils sont tous réunis sur une plate-forme gazonnée, non loin de leur travail; un d'entre eux, un seul, est assis sur un rocher à côté d'une jeune femme;... tout à coup l'homme et la femme disparaissent dans un nuage d'épaisse fumée, on entend une explosion terrible, et de tous côtés partent des cris d'effroi.... puis....

— Puis?

— Puis je ne sais plus. Lorsque j'en suis là de mon rêve, j'étouffe, il me semble que je veux crier aussi; mais je ne le puis, et les efforts que je fais m'éveillent....

— Toujours au même endroit?

— Toujours. »

Balthasar s'était approché des enfants et avait écouté ce qu'ils disaient avec une attention singulière; puis il se mit, lorsque son jeune maître eût cessé de parler, à pousser des hurlements plaintifs

« Fais-le donc taire, dit Aimée; cela me fait pleurer, moi, de l'entendre gémir de la sorte!

— Oh! fit César avec stupeur, il me semble que Balthasar y était!... Dis donc, Aimée, si tout cela était arrivé?...

— On le dirait....

— Mais non, c'est impossible, puisque nous sommes des enfants trouvés!

— C'est Joseph qui dit cela.

— Qu'en penses-tu, toi, Aimée?

— Moi! je n'en pense rien, je ne sais pas.... »

C'est en causant ainsi que mes amis, sans s'arrêter autrement que pour s'asseoir et se reposer quelques minutes lorsqu'ils se sentaient trop fatigués, firent plusieurs lieues et gagnèrent un endroit appelé Orly. Jusque-là ils avaient marché sans inquiétude; le grand air leur donnait des forces, et ils ne songeaient point que la nuit pouvait les surprendre dans la campagne. Cependant, depuis qu'ils étaient hors de Paris, le soleil n'avait cessé de descendre; en ce moment, il semblait presque toucher la terre; encore quelques instants et il allait disparaître. Mais César et Aimée ne s'en préoccupaient point; ils étaient frappés par le spectacle inattendu qui s'offrait à leurs yeux : devant eux, tout à fait à l'horizon et dans une immense étendue, le ciel paraissait incendié, tandis qu'un orage, que le vent avait chassé de l'ouest à

On entend une explosion terrible. (Page 47.)

l'est, plongeait dans l'obscurité tout l'horizon opposé. Au levant c'était presque la nuit, au couchant c'était une clarté admirable, indescriptible et qui convertissait tout en or : la toiture des maisons, les feuilles des arbres, les vitraux d'une église qu'on apercevait au loin, l'eau des fossés qui bordaient la route et la poussière des chemins. Mes amis, qui jusqu'alors avaient cru que le soleil était couché lorsque les hautes maisons de la rue de Rivoli le dérobait aux yeux des Parisiens, trouvaient le spectacle si beau que pour le contempler plus à l'aise ils s'assirent sur une berge, les jambes pendantes parce qu'ils étaient fatigués, et le corps orienté de telle façon qu'ils pussent, rien qu'en détournant la tête et sans se déranger autrement, regarder à l'ouest et à l'est. Mais tout doucement le jour s'éteignit, et la nuit les surprit comme ils admiraient encore une ligne rosée qui semblait fermer le ciel à l'endroit où le soleil venait de disparaître. Aussi, lorsqu'ils reportèrent leurs yeux éblouis sur d'autres objets, furent-ils saisis par une soudaine frayeur. L'obscurité glaçait d'épouvante ces pauvres enfants qui n'avaient jamais vu la nuit ailleurs qu'à Paris et éclairée par des milliers de becs de gaz.

Bien qu'ils eussent l'espoir d'atteindre en moins d'un quart d'heure les premières maisons d'un village qu'ils avaient vu sur leur droite lorsqu'il faisait encore jour, ils se remirent en marche avec moins de confiance et d'ardeur qu'auparavant. Balthasar, au lieu de vagabonder comme il avait fait toute la journée, s'était rapproché d'eux, et, comme s'il eût été lui-même sous l'influence de la crainte, il marchait d'un pas tranquille et jetait à droite et à gauche des regards furtifs qu'il ramenait sans cesse à ses jeunes maîtres. Tous trois gardaient un silence qui ne contribuait pas peu à les effrayer; ils ne savaient point que, pour chasser la peur, il suffit souvent de faire du bruit soi-même.

Ils se taisaient donc. Cependant la journée n'était point finie; on entendait encore au loin des voix qui se répondaient et des éclats de rire que l'écho de la vallée répétait d'une façon enfantine. C'étaient des gamins qui jouaient dans la rue de quelque village voisin. On entendait aussi par intervalles les aboiements féroces des boules-dogues qu'on lâche la nuit dans les châteaux et les fermes pour monter la garde et courir sus aux malfaiteurs. Balthasar y répondait par de sourds grognements; il aboyait tout bas. Le brave et fidèle animal distinguait bien dans tout ce tapage plus d'une provocation à son adresse; mais en sa qualité d'étranger au pays, il ne voulait point engager de discussion où il se sentait vaincu d'avance. Allez donc, lorsque vous n'êtes qu'un pauvre caniche maigre et efflanqué, lutter de verve et de poumons avec de telles gens, et donner la réplique à des individus qui mènent une vie de pacha et sont nourris comme des rentiers. Et puis, qui sait?... Peut-être ne voulait il pas compromettre les malheureux enfants en attirant sur eux l'attention de quelque garde-champêtre attardé dans la campagne?

Un moment ils entendirent marcher derrière eux; la même crainte les saisit tout à coup; ils s'imaginèrent que Joseph les poursuivait, et, instinctivement, ils se jetèrent sur le côté de la route. Un homme passa tout tranquillement sans leur adresser la parole, sans les voir peut-être. Mais toutes ces vaines frayeurs leur donnaient la fièvre, et, s'il vous eût été permis de leur appuyer votre main sur la poitrine, vous eussiez senti leur pauvre petit cœur qui battait à coups précipités, absolument comme celui de ces malheureux petits oiseaux qu'il vous arrive quelquefois de tenir captifs entre vos mains naïvement cruelles. Heureusement ils entraient dans un village et la vue des gens qui allaient et venaient les rassura un peu. Mais cela ne suffisait pas; ils étaient fatigués et ne savaient point encore s'ils trouveraient un abri pour se reposer ou s'ils devaient dormir à la belle étoile.

CHAPITRE VI.

Florentin et Florentine.

Ils passaient devant une de ces petites et jolies maisons de campagne comme il s'en rencontre tant aux environs de Paris. Une petite fille, accompagnée d'une servante, en sortait; mes amis s'arrêtèrent pour admirer sa gracieuse tournure et le joli visage qu'à la lueur d'une lanterne elle montrait sous une capeline en soie bleue.

« Oh, ciel! fit cette jolie demoiselle avec une petite voix maniérée, que font là ces enfants? Les connaissez-vous, Marie?

— Voyons, dit la fille, en leur mettant la lanterne sous le nez.... Oh! pour ça non, mam'zelle, ils ne sont pas du village.

— Ne les éclairez plus, Marie; ils ont de trop

vilaines physionomies; on dirait de petits brigands.

— Le fait est qu'ils sont loin d'inspirer de la confiance. Je sais bien qui ne leur donnerait pas sa bourse à garder, moi.

— Que font-ils par ici?

— Pardine! ça cherche à voler.

— Vous croyez, Marie?

— Ah! bien, si je le crois? Mais j'en suis sûre, mam'zelle. Et il n'est pas déjà si rassurant de les voir rôder comme cela autour de la maison.

— Renvoyez-les au plus vite, alors.

— C'est ce que je vais faire. »

Puis, s'adressant aux enfants qui n'avaient pas l'air d'entendre :

« Allons, allons, portez vos méditations ailleurs, vous autres.

— Ils ne vous comprennent point.

— C'est possible; alors je vais leur parler un meilleur français. Ça, cria-t-elle, on vous prie de déguerpir, et si vous ne le faites pas tout de suite, vous aurez affaire à moi.

— Nous ne vous gênons pas, dit Aimée, qui, plus décidée que César, prenait la parole dans les occasions critiques.

— Voyez, mam'zelle, comme ils ne comprennent point. Et ça ose répondre!... On ne saurait croire jusqu'où peut aller l'audace de ces petits misérables ; on ne ferait que son devoir en les souffletant.

— Assez, Marie, assez, ne les frappez point, donnez-leur quelque argent, et ils s'éloigneront peut-être. Il faut en finir, je ne puis passer ma soirée ici. »

La servante jeta dix centimes au visage de César et disparut avec son impertinente maîtresse. Quant à mes amis, sans essayer de chercher les dix centimes, qu'il eût, du reste, été impossible de trouver, tant la nuit était devenue épaisse, ils continuèrent à marcher dans la rue, plongeant dans les maisons dont les volets étaient encore ouverts, des regards profondément découragés.

Ils se demandaient si aucune de ces demeures ne voudrait s'ouvrir pour les recevoir, et s'ils étaient condamnés à passer la nuit dehors. Il fallait cependant bien peu de chose pour ramener la sécurité dans leur pauvre cœur et en chasser toutes les appréhensions et toutes les angoisses que la peur y avait fait naître : le coin le plus obscur d'une de ces grandes cuisines où l'on voyait des chats et des chiens se prélasser aux meilleures places, se chauffer le ventre et le museau à la flamme joyeuse et turbulente du foyer, en compagnie de vieillards et d'enfants qui jouaient ou devisaient entre eux ! Tout doucement César et Aimée se faufilèrent le long des maisons pour mieux voir ce qui s'y passait. C'était indiscret, mais ils n'en savaient rien ; et, d'ailleurs, tout cela était si nouveau, et tous ces logis si différents de celui de Joseph !... Une fenêtre plus vivement éclairée que les autres captiva bientôt exclusivement leur attention. Par cette fenêtre on pouvait explorer dans tous ses recoins une de ces grandes salles qui, dans les maisons de paysans, tiennent lieu tout à la fois de cuisine, de salle à manger et de chambre à coucher. Une femme jeune encore, les manches et la jupe retroussées, tenait un poêlon sur le feu, pendant qu'un petit garçon et une petite fille, du même âge à peu près que mes amis, promenaient à tour de rôle, en le dodelinant sur leurs bras, un gros marmot de sept à huit mois qu'on avait déjà habillé pour la nuit. Quand ce bébé manifestait quelque impatience, le frère et la sœur lui faisaient toutes sortes de mines, lui chantaient une belle chanson, ou bien lui disaient de ces riens qui n'ont aucun sens, mais qui font tant rire les bébés de cet âge. César et Aimée, ayant compris tout de suite que c'étaient là de braves enfants, prenaient un plaisir extraordinaire à les voir se promener de long en large dans la chambre. Mais, à plusieurs reprises, leur regard se croisa avec celui de la maman, laquelle, ne devinant pas ce que c'était, dit à ses enfants :

« Voyez donc un peu ce qui fait de l'ombre à la fenêtre ! »

Mes amis, qui avaient entendu, s'éloignèrent de quelques pas.

« Rien, maman, il n'y a rien, » répondirent les petits villageois, après avoir jeté un coup d'œil dans la rue.

Un peu après, elle prit le bébé pour le faire souper et dit encore :

« Pour sûr, il y a quelqu'un à la fenêtre. Allez dehors, vous pousserez les volets. »

César et Aimée songèrent à fuir, mais je ne sais quoi les tenait cloués là, près de cette maison.

Quant aux petits villageois, ils entr'ouvrirent la porte avec précaution, et aussitôt la refermèrent vivement.

« Quoi donc? fit la mère.

— Maman, répondirent-ils d'une voix étouffée, il y a un homme.

— Bon! faut-il avoir peur pour cela? C'est sans doute votre père; ouvrez-lui. »

Il fallut bien s'exécuter. Cette fois, ils sortirent tout à fait, mais rentrant presque aussitôt :

« Maman, ma chère maman, s'écrièrent-ils, venez donc voir, c'est un petit garçon et une petite fille. »

La maman sortit.

« C'est ma foi vrai! fit-elle comme en se parlant à elle-même. Et à cette heure.... Comment cela se fait-il ?... Ils me font l'effet de petits poussins qui se seraient perdus dans l'herbe en courant après les insectes et n'auraient pu retrouver le nid de leur mère. Ah ! çà, petits, leur dit-elle, approchez donc un peu qu'on vous voie ! »

César et Aimée, suivis de Balthasar, vinrent se placer dans la clarté que le feu envoyait jusque dans la rue par la porte toute grande ouverte. Ils ne brillaient point, je vous assure, dans cette lumière à la Rembrandt.

« Dieu du ciel ! comme ils sont faits ! s'écria la jeune femme en découvrant de quelle misérable façon ils étaient vêtus. Et dire que ce sont là de petites créatures du bon Dieu !... Allons, entrez tout de même, on verra.... »

Nos amis, comme vous pensez bien, ne se firent point prier.

La villageoise leur assigna pour s'asseoir un banc de l'autre côté de la table, où elle-même avait pris place avec le bébé.

Quant aux enfants, ils vinrent se poster tous deux en face de César et d'Aimée, et là, les mains derrière le dos, se mirent à examiner mes amis en silence et avec cette curiosité naïve et indiscrète particulière aux enfants à qui l'éducation n'a pas appris à vivre selon l'usage du monde. Puis, de temps en temps, ils se regardaient en se faisant des signes avec les yeux pour se communiquer leurs impres-

« Allons, entrez tout de même, on verra. » (Page 60.)

sions. Mes amis, de leur côté, leur rendaient la pareille et les examinaient aussi, mais plus timidement, un peu en dessous, il faut bien le dire, ce qui ne les empêchait point de voir combien tous deux étaient gentils, la petite fille surtout.

Elle avait de bonnes joues rondes et fermes que le grand air avait légèrement brunies, et une forêt de cheveux blonds qui s'échappaient de son petit bonnet, tout autour de la tête, par centaine de boucles, rangées les unes de ci, les autres de là, au caprice du vent, sans ordre et sans art. Oui, certes, elle était gentille, et vous n'auriez pas dit le contraire si, comme César et Aimée, vous aviez pu admirer sa petite bouche qui souriait avec tant de finesse et de naïveté, et ses grands yeux si expressifs qu'on eût dit qu'ils parlaient, et son nez en l'air, et le petit bout de ses jolies oreilles où étaient accrochés de beaux pendants d'or en forme de poires ; puis sa belle robe de tartanelle, puis son beau tablier de mérinos, puis son joli bonnet des dimanches !... Après cela, peut-être que vous n'aimez que les petites demoiselles qui ont le teint trop pâle, les traits trop délicats et la taille trop effilée.... Je ne veux point nier qu'elles soient intéressantes et n'ai point la prétention de contester la légitimité de votre goût ; mais enfin vous conviendrez qu'il y a des beautés de plusieurs sortes, et que les enfants dont la santé est robuste, la mine appétissante et l'humeur aimable, ne sont pas à dédaigner.

« Voyons, dit la maman lorsque le bébé fut couché, vous allez me dire qui vous êtes et pourquoi nous vous avons trouvés à pareille heure dans la grand'rue de notre village ? »

César raconta tant bien que mal comment ils avaient quitté Paris.

« Dieu du ciel ! s'écriait la jeune femme que la brutalité de Joseph faisait frémir, est-il possible que la terre nourrisse des monstres comme cela ? »

Elle résolut de garder chez elle jusqu'au lendemain ces pauvres abandonnés, et se mit sur-le-champ à préparer le repas du soir, car elle voyait bien qu'ils étaient exténués et ne pourraient, sans souffrir, rester plus longtemps sans prendre de nourriture.

Alors entra un homme âgé de trente-cinq ans à peu près. Il était grand et bien pris dans ses membres, qu'il portait cependant avec une certaine lourdeur, comme les individus que les rudes travaux des champs ont de bonne heure courbés sur la terre. Le petit garçon et la petite fille coururent à sa rencontre, il les embrassa avec effusion. César comprit qu'il était le maître du logis. C'était un bon père et un honnête homme, on le voyait bien ; et malgré la pesanteur de sa démarche, on lisait dans son maintien comme sur son visage la dignité naturelle des gens qui n'ont de comptes à rendre et de grâces à demander qu'à Dieu.

Il s'en alla jeter un coup d'œil sur le bébé qui dormait paisiblement dans un petit berceau rustique, puis il offrit à sa femme de l'aider dans ses occupations de ménagère.

« Voici, lui dit-elle en montrant César et Aimée, deux enfants que j'ai recueillis dans la rue. Vont-ils se mettre à table avec nous pour souper ?

— Pourquoi pas ? » répondit simplement le jeune homme, qui était laconique dans tout ce qu'il disait et semblait avare de ses paroles, comme les individus habitués à vivre et à travailler dans la solitude.

Le dîner était frugal, une soupe au lait et des œufs; mais mes amis n'avaient peut-être jamais fait un repas si délicat, et, tout bas, ils se disaient que c'était là pour sûr un festin de roi.

Quant à Balthasar, promptement familiarisé avec les habitudes de la maison, côte à côte avec le chat du logis, il mangeait proprement la part qu'il s'était adjugée d'un copieux reste de potage.

Après le dîner, les petits villageois, qu'on appelait Florentin et Florentine, se mirent à genoux pour faire leur prière du soir. César et Aimée les imitèrent d'instinct, sans trop savoir ce qu'ils faisaient, et joignant les mains tant bien que mal, répétaient à voix basse les paroles que les autres prononçaient tout haut; mais ils n'en comprenaient point le sens.

La jeune femme qui les regardait, devina aisément qu'ils ne savaient point leurs prières. Alors elle résolut de leur montrer au moins à faire le signe de la croix.

« Quand on ne sait pas prier, leur recommanda-t-elle, on dit tout simplement : Mon Dieu, ayez pitié de moi !

— Et quand on veut prier pour d'autres, demanda Aimée, doit on lui dire la même chose au bon Dieu ?

— Pour qui donc veux-tu prier ? »

César dit comment une jeune et belle dame lui avait donné une pièce d'or à la grille des Tuileries.

« Et cette dame s'appelle ?

— Je l'ignore, répondit César.

— C'est que nous-mêmes, nous connaissons à Paris un enfant qui est très-malade en ce moment; un beau petit garçon que j'ai nourri il y a sept ans en même temps que Florentine. Sa mère, Mme de Senneçay, qui est la sœur de M. Lebègue.... »

Ici s'interrompant tout à coup :

« Le connaissez-vous, M. Lebègue ? demanda la jeune femme, qui croyait naïvement que les notabilités de son village étaient connues du monde entier.

— Non, dit Aimée.

— Un riche propriétaire de ce pays-ci. C'est à lui qu'appartient le beau domaine des Granges, vous savez, sans doute, là, sur la gauche, à une lieue d'Orly ?... Il est fâcheux que vous ne connaissiez pas M. Lebègue, car c'est un digne homme et il aurait pu vous être utile. Mme de Senneçay, je vous disais donc, doit conduire mon petit Abel cette semaine à Fontainebleau, où je me rendrai presqu'aussitôt pour le soigner. Elle est si bonne et si charitable que j'ai pensé tout d'abord que c'était elle qui vous avait donné la pièce de vingt francs ! »

Puis, s'adressant à son mari :

« Dis donc, Étienne, si c'était Mme de Senneçay ? demanda-t-elle.

— Cela n'est pas impossible, répondit Étienne.

— Quoi qu'il en soit, recommanda la villageoise à mes amis, n'oubliez pas de prier Dieu pour la dame au louis d'or. »

Avec un matelas, qu'on posa dans un coin de la chambre sur de la paille fraîche, et des draps propres, on fit un lit pour César et Aimée, lesquels ne demandaient pas mieux, après une telle journée, que de se reposer et dormir. Mais ils étaient trop fatigués ; ils ressentaient une sorte de fièvre qui les tint éveillés assez longtemps pour qu'ils eussent le loisir de se communiquer leurs impressions.

« Vois donc, Aimée, disait César, combien il est

bon d'être couché dans une belle chambre comme celle-ci, où l'on a des parents qui dorment à côté de vous. Pour moi, quand je regarde ce lit et ce berceau dans l'alcôve, puis la table avec ses deux bancs, l'armoire à l'autre bout de la pièce, le buffet orné d'assiettes à fleurs, le seau plein d'eau posé sur une escabelle près de la fenêtre, et le feu, non encore éteint, éclairant vaguement tout cela lorsque tout le monde est endormi, il me semble avoir vu ces choses ailleurs qu'ici; et si je devais continuer à demeurer dans cette maison, je croirais volontiers que le temps que nous avons passé chez mon oncle Joseph n'a été qu'un abominable rêve. »

Le lendemain, il faisait grand jour et le soleil était levé depuis longtemps lorsque mes amis se réveillèrent. La première chose qu'ils aperçurent en ouvrant les yeux, fut des vêtements neufs étalés sur le pied de leur lit. Quand je dis neufs, je me trompe; ils étaient vieux et usés, beaucoup usés même; mais rapiécés aussi, et de plus, propres à donner envie de se les mettre sur les épaules. Ils sentaient bon, et, quoique la couleur en fût singulièrement effacée par endroits, César et Aimée les trouvaient si beaux qu'ils ne se rassasiaient point de les regarder. Pour eux véritablement ils étaient neufs. Je ne vous dirai point avec quelle joie ils s'habillèrent; ces choses-là ne sauraient se dépeindre. Non moins heureux, Florentin et Floren-

Je ne vous dirai point avec quelle joie ils s'habillèrent. (Page 68.)

tine les aidaient ; on se mettait à trois pour attacher une agrafe ou faire entrer un bouton, et cela n'allait pas encore très-bien parce que de part et d'autre on était trop ému.

Étienne regardait d'un air songeur.

« Si l'on était riche, dit-il tout à coup, et comme en se parlant à lui-même, envoyer ces enfants à l'école, et leur donner ensuite un bon état pour qu'ils devinssent d'honnêtes ouvriers, serait une bonne action à faire. Que vont-ils devenir à présent ?

— Nous voulons gagner notre vie, dit César.

— Je souhaite que vous rencontriez d'honnêtes gens assez riches pour vous prendre sous leur protection. Mais enfin cela peut ne pas se trouver tout de suite, et en attendant, il faudra vivre. Quoi qu'il arrive, César, n'oublie pas qu'il est moins honteux de demander un morceau de pain que de le prendre.

— Pour ça, dit César en rougissant, nous n'avons jamais rien pris à personne.

— C'est bien. Mais il faut se méfier de la misère. On dit parmi nous que celui qui prend le grain prendra aussi la farine ; cela signifie qu'un voleur ne redevient jamais honnête homme. Ce que j'en dis n'est pas pour vous affliger, mais pour vous mettre en garde contre les mauvaises pensées et les mauvais conseils, car on se laisse aisément tenter lorsqu'on est malheureux.

— Écoute, Étienne, dit en s'approchant la femme qui jusqu'alors avait gardé le silence, tout cela est très-bien; mais je pense, moi, que nous ne pouvons pas laisser partir ces enfants comme cela.

— Que veux-tu faire?

— Par moi-même, rien; je sais que nous ne pouvons pas leur assurer un sort meilleur. Mais il y a Mme de Senneçay. Je l'ai vue bien souvent s'intéresser à des enfants qu'elle connaissait à peine; qui sait si elle ne consentirait point à faire quelque chose pour ceux-ci. Si elle pouvait les retirer pour toujours à ce Joseph et les placer, les mettre à l'école?

— Il faudrait voir.

— On ne peut aller la tourmenter maintenant; Abel est encore trop malade. Mais je la verrai à Fontainebleau.

— Et en attendant?

— Nous garderons ces enfants avec nous.

— Non, cela ne se peut pas; il est possible que Mme de Senneçay refuse de s'occuper d'eux, qu'en ferais-tu, alors?

— Nous aviserions.

— Ta bonté t'égare.

— Écoute, je réponds de Mme de Senneçay.

— N'importe! nous ne pouvons les garder. Si nous n'avions pas d'enfants, à la bonne heure!

— Crains-tu donc qu'ils gâtent les nôtres ? Ils ont l'air si honnête !

— C'est vrai, mais nous ne les connaissons pas. Ils n'ont qu'une chose à faire, retourner avec leur tuteur.... Je voudrais les y reconduire moi-même. Je verrais ce que c'est au juste.

— Eh bien, fais-le.

— Malheureusement, c'est impossible ; je laboure les terres d'un voisin. C'est un marché, je dois avoir fini dans trois jours. »

Pendant que le mari et la femme s'occupaient ainsi de César et d'Aimée, ceux-ci achevaient leur toilette.

« Viens ici, César, » dit Étienne.

L'enfant s'approcha.

« Voici ce qui se passe, mon garçon. Ma femme ne veut pas que vous alliez comme ça courir les grands chemins, où il ne saurait vous arriver rien de bon. Elle connaît une dame, Mme de Senneçay, qu'elle veut intéresser à votre sort. Mais pour ça, il faut que vous retourniez chez votre tuteur.

— Joseph ! qu'est-ce qu'il va dire ? s'écria César effrayé.

— Rien, si tu lui portes de l'argent. Voici deux francs ; tu lui remettras cela comme si c'était le produit de ta journée... D'ailleurs peu lui importe où tu l'aies gagné. Ma femme verra Mme de Senneçay la semaine prochaine ; moi, j'irai jeudi voir comment ça va chez vous.... Nous ne vous laisserons pas longtemps avec votre tuteur; il ne s'agit que de deux semaines au plus. Si on s'occupe de vous, il faut que de votre côté vous fassiez quelques sacrifices. Allons, mes enfants, promettez-moi de retourner chez Joseph?

— Nous ferons ce que vous voudrez, dit César.
— C'est bien, voilà les deux francs. A jeudi. »
Sur ce, on se sépara.

CHAPITRE VII.

A la ferme de Granges. Les gendarmes.

Comme ils étaient venus de Paris, on avait pensé, chez Étienne, qu'ils sauraient y retourner. Il n'en était rien, et leur embarras fut grand lorsqu'il s'agit pour eux de s'orienter. César, qui avait comme une vague idée du chemin à prendre, se disait bien qu'il fallait remonter le village et suivre toujours la grande route en regardant vers le nord; mais Balthasar penchait visiblement pour le midi.... Pour se donner le temps de réfléchir et ne pas risquer de se tromper en se décidant trop légèrement, ils prirent au hasard le premier sentier qui se présenta, et bientôt se trouvèrent en pleine campagne. Alors l'idée leur vint de compter leur trésor : cela faisait, en tout, trois francs trente-cinq centimes, une assez jolie somme vraiment, et au moyen de laquelle on pouvait espérer se faire bien recevoir de Joseph.

Cependant le temps passait ; il fallait enfin partir.

« Le chemin pour aller à Paris, madame ? demanda Aimée à une bonne femme qui revenait des champs courbée sous un lourd fagot d'herbe.

— Le chemin de Paris, répondit la vieille paysanne en appuyant, pour se reposer, ses deux mains sur une canne qu'elle portait attachée à son poignet par une petite courroie, c'est la grande route dont vous voyez d'ici les deux rangées d'ormes. Retournez sur vos pas et suivez toujours tout droit. Comme vous avez de bonnes jambes, vous y arriverez avant le soleil couché.... Il ne faudrait pas, par exemple, me demander d'en faire autant, j'ai bien assez de retourner comme ça à la maison.

— Voulez-vous que je porte votre fardeau ? demanda César.

— Non, je ne le veux pas. Mais je te remercie de ton offre et te tiens pour un bon enfant. On ne peut en dire autant de tous les garçons de ton âge.... Allons, bien le bonjour ! Si vous allez à Paris, que le bon Dieu vous y garde. »

Et la vieille femme s'éloigna.

Mes amis, encouragés par ce bon souhait, se décidèrent à partir. Mais Balthasar s'était enfui ; on le voyait qui courait au loin dans une direction tout à fait opposée à celle que ses maîtres voulaient prendre. Il fallut courir après lui pour le ramener. Il s'enfuit de nouveau.... Une partie de la journée se passa dans cet exercice. Dès que mes amis voulaient prendre le chemin de Paris, Balthasar s'enfuyait d'un autre côté. On eût pu croire qu'il en faisait un jeu ; mais on reculait au lieu d'avancer, et les pauvres enfants durent renoncer pour ce jour-là à tenir la promesse qu'ils avaient faite de retourner chez Joseph.

Il pouvait être quatre heures de l'après-midi lorsqu'ils s'arrêtèrent à la lisière d'un champ où un certain nombre d'ouvriers étaient occupés à détruire de la mauvaise herbe. César les compta ; ils étaient dix, parmi lesquels deux enfants d'une douzaine d'années. Le travail auquel ils se livraient paraissait des plus simples et des plus faciles, et mes amis se dirent qu'ils en feraient bien autant si on voulait seulement les mettre à l'épreuve et leur donner des outils. Alors, enhardis par la confiance qu'ils avaient en eux-mêmes et leur désir de gagner leur pain comme le père Antoine, ils s'approchèrent d'un vieillard qui s'était redressé pour allumer sa pipe.

« Monsieur, lui demanda César, êtes-vous le maître de ces hommes qui travaillent avec vous ?

— Moi ? répondit l'homme, non, je ne le suis point. Mais je voudrais bien l'être, savez-vous, — c'était un Belge, — car je ne me donnerais pas tant de peine et prendrais mon temps pour allumer c'pipe et l'fumer tout à mon aise! Mais on doit se consoler de n'être pas maître, n'est-ce pas, lorsqu'on voit autour de soi tant de braves gens qui ne sont aussi que des ouvriers. Il faut bien qu'il y ait plus de soldats que de capitaines, savez-vous?... Bast, les choses vont toujours bien lorsqu'on a du cœur à la besogne. Mais, à propos du maître, avez-vous une commission pour lui?

— Nous voudrions, dit César, lui demander de l'ouvrage.

— De l'ouvrage? fit l'homme entre deux bouffées de fumée, il faut aller voir; s'il en a, il vous en donnera. C'est un brave maître, savez-vous?

— Où donc demeure-t-il?

— Là-bas, fit le Belge en montrant une fort belle maison, située à un demi-kilomètre environ.

— Au château?

— Justement, c'est là qu'il demeure, savez-vous? Mais si vous n'osez pas y entrer au château, allez à la ferme; vous demanderez Robert, le régisseur, et vous lui conterez votre affaire. »

Les enfants hésitaient.

« M. Robert n'est pas méchant, savez-vous? leur dit le brave homme en forme d'encouragement.... Allons, bonne chance! »

Mes amis suivirent le chemin qu'on leur avait indiqué. C'était un étroit sentier dans lequel ils étaient obligés de marcher à la file, Balthasar devant comme toujours.

La campagne qu'ils traversaient était riche, fertile, et, sinon pittoresque, du moins accidentée dans les proportions gracieuses particulières à tous les paysages qui entourent Paris. Ce n'était point grandiose et nullement fait pour étonner ou terrifier le touriste, mais bien plutôt pour le séduire et le charmer.

Les yeux se promenaient en souriant de ces plaines richement cultivées à ces coteaux peuplés de villas et boisés de parcs anglais que séparaient, de distance en distance, de gros villages dont les maisons s'étageant à mi-côte semblaient regarder, les unes par-dessus les autres, la Seine qui coulait placidement au milieu de la vallée et, de ci, de là, faisait un détour pour s'en aller arroser le pied d'une autre colline également verdoyante et jolie.

Aimée, qui, en se haussant sur ses petits pieds, parvenait à dépasser de toute la tête un épais champ de seigle dont les tiges minces et flexibles venaient lui caresser le visage, cherchait à voir le plus possible de toutes ces choses.

« C'est donc là, César, demanda-t-elle, la campagne que tu vois dans tes rêves ?

— Non, Aimée, non, ce n'est pas cela.

— C'est encore plus beau ?

— Je ne sais pas si c'est plus beau, mais c'est différent. Les bois y sont plus épais, les maisons moins nombreuses, la solitude plus complète et le silence plus profond. Enfin je ne sais comment te dire cela, moi ; c'est moins riant, moins en fête qu'ici, et il me semble que je ne pourrais en voir la réalité sans être ému. »

Ils étaient arrivés. Mais alors, la timidité naturelle de leur caractère prenant le dessus, au lieu d'entrer ils s'assirent au pied d'un arbre, juste en face du château que, pour se donner du courage sans doute, ils se mirent à examiner minutieusement, s'amusant à en compter les fenêtres, les persiennes, les girouettes, les paratonnerres, enfin tout jusqu'aux marches du perron et aux caisses de fleurs dont elles étaient ornées.

La ferme, située sur la gauche, se trouvait à peu près masquée par un bouquet d'arbres ; ce qui faisait qu'au premier abord on ne la voyait point. Il fallait, pour s'y rendre, quitter la route et prendre un joli chemin qui semblait se perdre dans le bois. Mais il était facile de la deviner au mouvement, au va et vient qui régnaient de ce côté. C'était sans cesse des chevaux attelés à des charrettes ou à des tombereaux qu'on dirigeait par là ; puis une volée de poussins qui venaient, conduits par leur mère, picoter quelques grains de blé tombés sur la route, ou une bande de canetons courant se baigner ef-

« Non, Aimée, non, ce n'est pas cela. » (Page 79.)

frontément dans la magnifique pièce d'eau qu'on voyait briller devant le château et réfléchir le ciel et les arbres avec la transparence d'un miroir.

César et Aimée, n'ayant plus rien à compter, prirent enfin le parti de se rendre à la ferme. Ils allaient entrer dans la cour, cour immense et entourée d'un si grand nombre de bâtiments qu'on eût dit un village, lorsque Balthasar rebroussa chemin et vint, l'oreille basse, se cacher craintivement derrière ses maîtres, qui, eux-mêmes, reculèrent tout à coup saisis d'épouvante : un énorme cerbère, un boule-dogue de taille colossale bondissant de fureur à la vue du caniche, s'élançait en poussant des aboiements féroces sur les barreaux de fer de sa loge. Heureusement un jeune homme qui venait derrière mes amis apaisa d'un mot le chien de garde.

« Silence donc, Matamore ! » dit-il sévèrement.

Matamore se tut, mais de mauvaise grâce et en montrant sous un rictus qui n'était rien moins que rassurant, des crocs d'ivoire luisants et affilés comme des poignards.

Balthasar, malgré l'exemple que lui donnaient ses maîtres en suivant le monsieur qui avait tant d'influence sur Matamore, jugea convenable de rester dehors.

« Qui cherchez-vous, mes enfants ? demanda le jeune homme.

— Le régisseur.

— Et qu'avez-vous à lui dire, au régisseur?

— Dame! répondit César passablement embarrassé, voici ce que c'est : ma sœur et moi nous voudrions travailler.

— Bah! vraiment? Mais vous êtes trop jeunes.

— Oh! ça ne fait rien.

— Voyons! que savez-vous faire?

— Ce que vous voudrez.

— C'est un peu vague.... N'importe, si la bonne volonté y est; les travaux des champs n'exigent pas un long apprentissage.

— Moi, d'abord, dit Aimée, je puis conduire aux champs tous ces jolis moutons que je vois là. »

Elle montrait une troupe de deux à trois cents agneaux, lesquels n'ayant rien de mieux à faire pour le moment, gambadaient dans la cour et se livraient à des courses folles, comme font les enfants qui jouent à cache-cache et aux barres.

« Et moi, dit César, je puis très-bien labourer la terre et conduire les chariots de grains.

— Je saurais bien aussi ramasser les œufs, dit Aimée, ou donner à manger aux petits poussins, ou même faire la cuisine, si cela vous plaît. »

Il faut convenir qu'Aimée s'avançait un peu ; mais son zèle l'emportait.

« Si vous avez un jardin, je le cultiverai, reprit

César. Je sais comment on plante les fleurs et à quelle époque il faut tailler la vigne. »

Le jeune homme, qui n'était autre que le régisseur et qu'on appelait M. Robert, comprit tout de suite que mes amis ne savaient rien faire; mais, en même temps, il leur voyait tant de courage et de bonne volonté qu'il ne voulut pas les affliger par un refus brutal.

« Venez avec moi, » leur dit-il.

Et il les conduisit dans une vaste pièce qui servait de salle à manger aux gens de la ferme et qu'on appelait le réfectoire. Là, une jeune et alerte servante nommée Victoire leur servit un goûter, ainsi qu'à Balthasar, qui avait trouvé, sans éveiller de nouveau les susceptibilités du boule-dogue, le moyen d'entrer non-seulement dans la cour, mais encore dans la maison, et cela juste à point pour partager le repas de ses maîtres.

Tous trois mangeaient de bon appétit, et M. Robert, à qui cela faisait plaisir, les regardait en souriant, lorsque tout à coup le galop de deux chevaux et un cliquetis de ferraille appela leur attention.

« Tiens! s'écria Victoire en regardant par la fenêtre, voici les gendarmes! »

Certes, mes amis savaient ce que c'était que des gendarmes; à Paris, ils en rencontraient à chaque instant et n'en avaient jamais eu peur; cependant, soit pressentiment, soit conscience de leur état d'enfants abandonnés, ce fut avec un véritable déplaisir qu'ils virent entrer dans le réfectoire ces deux braves serviteurs de l'ordre public; lesquels, pour remplir un devoir de politesse envers M. Robert et sa compagnie, portèrent militairement au front le revers de la main droite.

La compagnie de M. Robert, c'était César et Aimée, puis la servante, qui, allant et venant de la cuisine au réfectoire, servait nos amis et les encourageait avec toutes sortes de bonnes paroles.

« Pauvres petits! disait-elle; là, voyez comme ils ont faim!... Mangez ceci, puisqu'on vous le donne.... C'est de bon cœur, allez!... On dirait pourtant qu'ils craignent d'y toucher!... Faut pas comme ça faire des façons.... N'ayez donc pas peur!... Quand on vous dit qu'il en reste encore pour les autres. »

Les gendarmes avaient chaud (à la campagne les gendarmes ont souvent chaud); ils déposèrent leurs chapeaux sur un buffet, ce qui permit à César et à Aimée de constater que les gendarmes n'ont pas la physionomie plus rébarbative que les autres hommes, et que la sévérité qu'on serait tenté de leur supposer au premier abord ne réside le plus souvent que dans leur grosse moustache et leur grand chapeau.

On peut dire que c'étaient là des observations rassurantes ; pourtant César et Aimée n'étaient point du tout rassurés.

« Victoire, dit M. Robert à la servante, prenez une bouteille de vin blanc et versez à boire à messieurs les gendarmes. »

Messieurs les gendarmes se firent un peu prier, mais seulement pour la forme, car ils avaient grand'soif (à la campagne, ayant souvent chaud, il se trouve qu'ils ont toujours soif).

« Monsieur Robert et la compagnie, dirent-ils en faisant de nouveau le salut militaire, à la vôtre ! »

Puis l'un d'eux prit la parole pour expliquer l'objet de leur visite. La servante voulait leur verser à boire de nouveau, mais ils remercièrent honnêtement.

« Il nous faut tout notre sang-froid, monsieur Robert, dit celui qui avait déjà pris la parole; nous avons une mission à remplir, et.... vous comprenez, n'est-ce pas ?

— Oui, vous sentez, fit l'autre.

— Le devoir d'abord, reprit le premier.... après.... Eh bien ! après, si vous le permettez....

— Si cela vous convient, dit le second, qui semblait avoir pour fonction de répéter ce que disait son camarade.

— Pour en venir tout de suite au fait, voici la chose, monsieur Robert : nous sommes à la recherche des individus qui ont mis le feu cette nuit à Villeneuve-le-Roi. N'auriez-vous point reçu ou vu passer des rôdeurs ou des vagabonds à mine suspecte?... Il faut nous dire cela.

— Non, répondit M. Robert, nous n'avons vu personne.

— Ah! fit le gendarme en jetant de côté un coup d'œil expressif sur nos amis, qui, la fourchette en l'air et la bouche béante, écoutaient avec une sorte de stupeur.

— Les pertes sont-elles considérables? demanda M. Robert.

— A l'heure qu'il est, plus de vingt ménages sont dans la rue.... Il y aura de la misère.... Voyez-vous, c'est affreux ces choses-là; on ne s'y habitue jamais. Les granges, les maisons qui s'écroulent; les bestiaux qu'on veut sauver et qui, effrayés par le feu, refusent de sortir des étables où la fumée les étouffe; les vieillards qui ont peur de périr, les hommes qui pleurent, les femmes qui deviennent folles, les petits enfants qu'on oublie dans les chambres que dévore l'incendie!... Puis les cris de la foule, le tambour, le tocsin, le désordre!... les flammes qui se font des trouées et se jettent sur les malheureux qui veulent les éteindre!... Oui, allez, monsieur Robert, c'est épouvantable!...

— Moi, dit la servante avec une naïveté féroce, ce qui me touche le plus dans tout cela c'est les bêtes.... Quand je pense que nos vaches et nos moutons pourraient brûler comme ça, tout vivants,... ça me donne froid dans le dos.

— Et les hommes, n'est-ce pas encore cent fois plus malheureux?

— C'est malheureux, je ne dis pas le contraire; mais de pauvres et innocentes bêtes qui ne savent ni parler, ni demander du secours, c'est pis encore.

— Taisez-vous, Victoire, dit M. Robert, les propos que vous tenez là sont insensés.... Avez-vous des soupçons sur quelqu'un, messieurs les gendarmes?

— On accuse des saltimbanques qui ont quitté Villeneuve cette nuit, sans payer leurs dettes, pendant que tout le monde courait au feu.

— Il est facile de retrouver leurs traces?

— Pas tant que cela. Ils se sont séparés, paraît-il, pour suivre des directions différentes. On nous a rapporté qu'ils avaient pris, les uns un chemin de traverse, les autres un sentier, et les autres encore la grand'route. Et, entre nous, ça m'étonne bien que vous n'ayez vu personne de la bande, car on m'a signalé deux de leurs enfants qui se sont dirigés par ici.

— En fait d'enfants, dit M. Robert, je n'ai vu que ceux que vous-mêmes pouvez voir en ce moment.

— Lesquels donc, monsieur?

— Mais ces deux petits qui sont à table près de vous. »

A ces mots, César et Aimée furent saisis d'un tel effroi que la servante eut pitié d'eux.

« Pour ça, dit-elle, ce n'est pas eux, j'en réponds. N'est-ce pas, petits, que ce n'est pas vous ?

— Quoi donc ? fit César troublé.

— Qui avez mis le feu.

— Le feu ?

— Oui, le feu.... Est-il assez borné ! On te demande si c'est toi qui as mis le feu. C'est simple comme bonjour, tu n'as qu'à répondre que ce n'est pas toi.

— Je ne comprends pas ce que vous voulez dire.... Je ne sais pas, moi....

— Comment tu ne sais pas ? Et qui donc le saura, si ce n'est toi, imbécile ! »

Le pauvre César était interdit et, pour le moment, tout à fait incapable de faire une réponse raisonnable. Mais Aimée ne s'intimidait pas si facilement.

« Ce n'est pas nous, dit-elle, qui avons fait ce que vous dites, et je ne pense pas que nous soyons des saltimbanques. »

Si messieurs les gendarmes avaient quelque peu réfléchi, il leur eût été facile de comprendre que ces enfants n'étaient pas ceux qu'ils cherchaient ; mais il est de leur état de voir partout des coupables.

« Quoi, dit Victoire à Aimée, tu n'as pas à cet égard plus de certitude que cela ? Alors comment

Les enfants ne surent que répondre. (Page 93)

veux-tu que les autres en soient sûrs? En voilà une jolie manière de se défendre !

— Assez, la fille, dit gravement le gendarme, laissez l'autorité faire son devoir. Si ces enfants sont coupables, rien ne nous empêchera de les arrêter.

— Rien ne nous empêchera de les arrêter, répéta, selon sa coutume, l'autre gendarme.

— Nous arrêter ! s'écria Aimée, nous arrêter !... entends-tu César, pour nous mettre en prison !...

— Comme des voleurs, fit César en pleurant.

— Bon, dit la servante en haussant les épaules, les voilà maintenant qui se mettent à crier avant qu'on ne les écorche, comme les anguilles de Melun.

— Allons! Victoire, retirez-vous, » dit M. Robert sévèrement.

Victoire passa, en maugréant, dans la pièce voisine, et le gendarme sortit de sa poche des papiers, des plumes et un encrier pour dresser le procès-verbal.

« Qui êtes-vous ? » demanda-t-il.

Les enfants ne surent que répondre.

« Ils ne veulent point se nommer. Écrivez cela, » dit-il à son camarade.

Puis, s'adressant de nouveau aux enfants : « Quel âge avez-vous ? » demanda-t-il.

César et Aimée, qui ne savaient point quel âge ils avaient, gardèrent le silence.

— Mettez, qu'ils n'ont point dit leur âge, dit le gendarme qui interrogeait à celui qui écrivait.

— D'où êtes-vous? » demanda-t-il encore.

Les pauvres petits n'en savaient rien.

« Où êtes-vous nés? »

Force fut encore de se taire.

« En quelle année? »

Silence.

« Écrivez qu'ils ne veulent point divulguer le nom de leur famille ni le lieu de leur naissance. »

Puis il continua :

« Que font vos parents, où demeurent-ils ? Comment les appelle-t-on? »

A ce déluge de questions, les pauvres enfants étourdis fondirent en larmes. M. Robert eut pitié d'une si grande douleur.

« Voyons, leur dit-il doucement, calmez-vous. On ne veut pas vous faire du mal. Remettez-vous et répondez à M. le gendarme qui vous interroge. Dites-lui ce que vous savez.

— Nous ne savons rien, nous, fit César avec désespoir.

— Cela n'est pas possible. Vous voulez tromper la justice, dit le gendarme; on sait toujours qui on est.... Si vous ne me répondez pas, il faudra pourtant que je vous arrête.

— Là! fit tout à coup la servante qui avait écouté à la porte, ces pauvres enfants! il me fait mal de les

Sur ces entrefaites un cavalier... (Page 98.)

voir en cet état. Ce n'est pas eux qui ont fait le coup ; j'en répondrais sur ma tête. Il faut être aveugle pour ne pas voir qu'ils sont innocents.

— Pourquoi donc alors qu'ils s'obstinent à garder le silence ?

— Ah! pourquoi? Je n'en sais rien, moi ; mais soyez certains que s'ils étaient coupables, ils répondraient. Les criminels ont réponse à tout.

— C'est vrai, fit observer M. Robert. Voyons, mes enfants, un peu de courage, et avouez si vous savez qui a mis le feu.

— Comment, répondit enfin César, pourrions-nous savoir cela, puisque nous ne connaissons pas le village que vous dites?

— Eh bien! reprit le gendarme, dites-nous seulement ce que font vos parents?

— Ces enfants sont orphelins, fit M. Robert.

— Alors ils ont des oncles, des tantes, un tuteur, quelqu'un enfin qui doit s'occuper d'eux et à qui nous allons les reconduire. »

César et Aimée, que l'idée d'être ramenés par les gendarmes à Joseph Ledoux effrayait au delà de toute expression, ne desserrèrent point les dents.

« Vous vous taisez? Il va donc falloir se décider à nous suivre. Qui que vous soyez, on ne peut vous laisser comme ça courir les chemins. Ce n'est pas pour rien qu'on a inventé les colonies agricoles et pénitentiaires. »

Sur ces entrefaites, un cavalier qui était entré dans la cour avec la vitesse d'un ouragan, mit lestement pied à terre et pénétra dans la salle.

« Qu'est-ce donc, messieurs les gendarmes? demanda-t-il.

— C'est ces deux petits rôdeurs que nous arrêtons, monsieur Richard. »

M. Richard, qui avait alors une douzaine d'années, était un fort beau garçon dont la physionomie intelligente et gracieuse inspirait tout d'abord de la confiance et de la sympathie. On se sentait disposé à l'aimer même avant de le connaître. César et Aimée, qui, à travers leurs larmes, pouvaient à peine le voir, devinèrent tout de suite que c'était un ami, et se reprirent à espérer.

CHAPITRE VIII.

M. Richard Lebègue. Mes amis travaillent.

« Peut-on savoir, messieurs, demanda-t-il, de quoi sont accusés ces enfants ?

— Tout porte à croire, monsieur Richard, qu'ils ont des accointances avec les incendiaires de Villeneuve-le-Roi, ou du moins qu'ils les connaissent.

— Ou qu'ils les connaissent, répéta l'autre avec la fidélité d'un écho.

— Vous vous trompez, messieurs, les incendiaires sont arrêtés.

— Que m'apprenez-vous là, monsieur Richard? Ils sont arrêtés!... En êtes-vous bien sûr ?

— Mon père donne en ce moment l'ordre de les diriger sur Versailles, où ils seront jugés.

— Eh bien, tant mieux!... J'en suis bien aise, c'est une charge de moins pour ces enfants.

— A qui vous allez rendre la liberté, n'est-ce pas?

— Je le voudrais, monsieur Richard, puisque cela paraît vous faire plaisir, mais je ne le puis. Vous les voyez ici en flagrant délit de vagabondage, et M. le maire, votre papa, me blâmerait si je ne les ramassais pas.

— Savez-vous qu'ils n'ont pas du tout l'air de grands criminels.... Si je me chargeais d'eux, messieurs les gendarmes?...

— Votre protection ne saurait leur suffire; si c'était M. Lebègue, votre papa, qui les prît sous la sienne, à la bonne heure!... Mais il ne le ferait pas; il a bien assez des pauvres du pays. Ainsi, monsieur, nous vous disons au revoir.

— Mon père va venir, attendez au moins que vous l'ayez vu.

— Oui, dit à son tour la servante, M. Richard a raison; attendez que M. Lebègue ait vu ces pauvres enfants.... Il me fait peine, à moi, de songer qu'ils vont partir comme cela. »

En ce moment, M. Lebègue entrait; mes amis, malgré leur trouble, comprirent que c'était un personnage tout-puissant aux Granges, car à sa vue, la servante avait délicatement ramené le coin droit de son tablier sur la hanche gauche, et M. Robert s'était levé ; quant aux gendarmes, ils se tenaient au port d'arme et faisaient en sorte de ne point perdre un pouce de leur dignité. Intérieurement ils se disaient : M. Lebègue, qui est maire de Villeneuve, qui est membre du conseil général, qui a le sous-préfet dans sa manche gauche, le préfet dans sa manche droite, sans compter le député, le ministre, le gouvernement et tout le tremblement, verra fort bien que les gendarmes Poulain et Benoist ont une excellente tenue et sont parfaitement à leur affaire, et alors, en sa qualité de père de ses administrés, il ne pourra se dispenser de faire nommer les dits gendarmes Poulain et Benoist, brigadiers dans quelque localité plus importante que Villeneuve-le-Roi.

« Et vos incendiaires, mon père, sont-ils déjà sur la route de Versailles ? demanda Richard.

— Non, ceux que nous prenions pour des incendiaires sont d'honnêtes ouvriers qui, cette nuit, étaient encore à Paris. Contrarié de la méprise dont ils ont été victimes, je les ai fait remettre immédiatement en liberté. »

Cette nouvelle surprit péniblement Richard, ainsi que Victoire et M. Robert. Quant à mes amis, ils en furent atterés.

M. Lebègue, était, en homme, le vivant portrait de Richard. Beaucoup de gens l'appelaient M. Lebègue du Coudray, et lorsqu'un flatteur lui écrivait, il ne manquait pas de mettre sur l'adresse, à M. le vicomte du Coudray. Il était prouvé qu'à la dernière croisade, un vicomte du Coudray avait fait des prodiges de valeur et occis tant de Sarrazins qu'il s'était trouvé, après la bataille, momentanément paralysé des deux bras. Ce héros, de retour en France, épousa une haute et puissante dame, et il s'en suivit une longue lignée de vicomtes, de barons et de chevaliers du Coudray, qu'on voit jusqu'à la Révolution apparaître de temps à autre, au Louvre, à Saint-Germain, à Versailles, pour tâcher de recueillir, en obtenant quelque emploi à la cour et à l'armée, une faible partie des biens et des honneurs qu'ils pensaient leur avoir été acquis à eux et à leurs descendants, jusqu'à la fin des siècles et même au delà, par le bras solide et le sabre bien affilé de leur ancêtre, Pierre du Coudray. Ces du Coudray disparurent à la Révolution, mais le grand-père de M. Lebègue ayant épousé une demoiselle Ducoudray, dont le père était procureur au Châtelet de Paris, des amis persuadèrent à ce brave homme que sa femme descendait de l'illustre famille de ce nom. Des parchemins furent trouvés, et il se fâcha plus d'une fois pour faire consentir son fils à porter le titre de vicomte, ce que celui-ci refusa constamment. Le père de Richard n'était pas non plus d'un caractère à s'affubler d'une vicomté si peu certaine ; mais le monde est plein d'officieux et de flatteurs toujours prêts à spéculer sur la vanité des gens riches ou influents. Heureusement pour lui, M. Lebègue n'était pas la dupe de ces gens-là ; il savait fort bien que s'il n'avait été qu'un pauvre diable, personne n'eût songé à lui persuader qu'il était le descendant de Pierre du Coudray.

Si vous voulez devenir des hommes, mes petits lecteurs, faites comme lui ; ne souffrez pas qu'on vous trompe, et ne cherchez point à tromper les autres. On va peut-être dire que je risque, en vous parlant ainsi, de dessécher votre cœur. Entendons-nous : je serais désolée de détruire les illusions qui doivent charmer votre jeunesse, mais que doit-on comprendre par des illusions, si ce n'est l'amour de tout ce qui est véritablement noble, grand, généreux, élevé. Eh bien ! ces illusions-là, ayez-les, et faites en sorte qu'elles deviennent des réalités. Pour votre part, croyez au bien et faites-le, aimez les sentiments élevés, les passions généreuses, et soyez vous-mêmes susceptibles de grandeur d'âme et de dévouement ; c'est un sûr moyen de n'être jamais désillusionné. Mais sont-ce des illusions bien enviables que de se tromper volontairement sur soi et sur les autres ? Et y a-t-il jamais nécessité de croire qu'un flatteur est un homme sincère ou qu'on soit un héros, parce qu'il se pourrait qu'on eût parmi ses ancêtres un individu qui ait cassé la tête à vingt-trois Sarrazins en un seul jour ; à prendre enfin le mal pour le bien, le faux pour le vrai, et l'injuste pour le juste ?

Réfléchissez à cela, et dites ce que vous en pensez.

Quant à M. Lebègue, disons, pour finir, que c'était un brave et digne homme plein de cœur et d'intelligence ; mais qu'il n'avait aucun préfet dans sa manche, et ne jouissait auprès de l'administration que du crédit qu'obtient ordinairement un homme distingué et dépourvu d'ambition qui veut se rendre utile à ses concitoyens. Il faisait valoir ses biens lui-même, quoique sa fortune fût assez considérable pour lui procurer une oisiveté opulente. Mais il n'aimait point le vide et le désœuvrement que traîne inévitablement avec elle la vie oisive et purement mondaine.

D'un autre côté, il s'était dit qu'il pouvait rendre quelques services à ses semblables et à son pays en utilisant sa grande fortune à expérimenter les nouvelles découvertes en agriculture, et à les faire adopter lorsqu'elles seraient lucratives et susceptibles d'améliorer le sort des pauvres cultivateurs. Et voyez comme la Providence favorise ceux qui font le bien avec intelligence : à ce métier, M. Lebègue n'avait point diminué ses revenus ; il ne les avait pas augmentés non plus, par exemple. Mais cela lui importait peu ; il n'entrait point dans ses vues de spéculer.

Maintenant, revenons à César et à Aimée. M. Lebègue fut frappé de leur désespoir.

« Qu'est-ce qui afflige donc si fort ces enfants ? » demanda-t-il.

Le gendarme expliqua leur affaire.

« Qu'ils se rassurent, dit M. Lebègue, ils ne seront pas arrêtés comme incendiaires. Ce sont bien certainement les saltimbanques qui ont mis le feu, — on a des preuves — et parmi leurs enfants, il n'en est aucun qui ressemble à ce petit garçon et à cette petite fille.

— A la bonne heure ! s'écria Richard.

— Cependant, comme on ne peut laisser deux enfants courir les grands chemins et vagabonder de village en village, je dois les faire arrêter, et si personne ne les réclame, on les enverra dans quelque maison de correction.

— Il paraît, dit Richard, qu'ils étaient venus pour demander à M. Robert de les occuper.

— C'est une excellente note pour eux.

— Pensez-vous, mon père, qu'ils soient capables de travailler ?

— Mais sans doute, pourquoi pas ? Ils peuvent à cette époque de l'année rendre dans les champs les mêmes services que les autres enfants de leur âge.

— Alors, mon père, si vous leur donniez de l'ouvrage ?

— C'est impossible, mon ami, il n'y en a pas pour eux ici.

— Mais si je vous priais de leur en créer.

— Il me faudrait te refuser; j'ai encore dans le village deux ou trois enfants pauvres qui ne sont pas occupés, et auxquels garder ceux ci serait nuire. D'ailleurs, mon ami, je ne puis donner asile à des enfants qui ne veulent pas se faire connaître. »

César, se doutant bien que c'était là le M. Lebègue dont avaient parlé les paysans d'Orly, se décida à raconter ce qui leur était arrivé, à lui et à sa sœur, depuis la rencontre de la dame aux vingt francs, et ne cacha point l'effroi que leur avait causé la perspective d'être ramenés chez Joseph par les gendarmes.

M. Lebègue prit enfin le parti de garder les deux enfants à la ferme. Il devait voir Mme de Senneçay le surlendemain, et comptait s'entendre avec elle sur ce qu'il convenait de faire pour eux. En attendant, M. Robert fut chargé de prendre des informations sur Joseph, et Richard, remontant immédiatement le petit cheval gris pommelé qui l'attendait dans la cour, — et qui était un arabe pur-sang, — se rendit à Orly, pour demander à Florentin et à Florentine, avec qui il avait joué plus d'une fois chez Mme de Senneçay, ce qu'ils savaient de ses protégés.

Les gendarmes, n'ayant plus rien à faire aux

Granges, jugèrent convenable de se retirer, non sans avoir toutefois vidé une seconde fois leurs verres et salué militairement, en gendarmes bien appris, M. Lebègue, M. Richard et leur compagnie.

A votre place, mes petits lecteurs, je croirais certainement que César et Aimée en ont fini avec leur vie de misère, et qu'ils vont mener désormais une existence paisible et laborieuse aux Granges, sous la protection de Richard et de son père. Mais, il ne faut pas nous le dissimuler, tout est surprise pour nous dans la vie, et presque toujours la Providence, qui a des vues opposées aux nôtres, déjoue nos combinaisons les mieux établies et empêche nos projets les plus chers de se réaliser.

Victoire se chargea de César et d'Aimée pour le reste de la journée. La bonne fille était enchantée d'avoir ces deux enfants qui la suivaient partout et l'aidaient avec empressement dans les soins du ménage. Le soir, elle les fit coucher dans une chambre, à côté de la sienne, et le lendemain, dès cinq heures, elle les réveillait pour leur faire prendre tout de suite les habitudes salutaires de la campagne, où tout le monde est sur pied au petit jour. Seulement, comme il y avait une forte rosée, on dut attendre jusqu'à huit heures pour se rendre aux champs. Il s'agissait d'énieller les jeunes blés. C'était un travail charmant et des

plus simples; à l'aide d'une toute petite bêche, qu[i]
n'a pas plus de cinq à six centimètres de large, o[n]
coupe la plante, qu'on ramasse ensuite pour s'assu[-]
rer qu'elle est bien détruite. Aux granges, il fallai[t]
rapporter toutes les nielles ou nigelles, si vous l[e]
préférez, à M. Robert, qui jugeait du travail qu[e]
chacun avait fait par la quantité de plantes qu'i[l]
lui rapportait.

César et Aimée, à laquelle Victoire avait donn[é]
un grand chapeau de paille à cause du soleil, qui[,]
à la mi-avril, est déjà très-chaud, partirent donc à
huit heures en compagnie de six enfants de leu[r]
âge que dirigeaient deux vieilles femmes. Ils furen[t]
bientôt au courant de ce travail élémentaire et[,]
pour contenter M. Robert, s'y livrèrent avec ardeur[.]
Ce n'était pas l'affaire des autres qui n'en prenaien[t]
ordinairement qu'à leur aise; mais cependant l[a]
matinée se passa bien. A midi, ils revinrent à l[a]
maison pour dîner. M. Lebègue leur fit compliment[,]
et Richard, qui se trouvait là, leur remit une petit[e]
pièce de cinq francs à compte sur leur travail[.]
Hélas! c'était trop de bonheur à la fois!... Baltha[-]
sar, sans montrer un enthousiasme excessif, s[e]
faisait fort bien à ce nouveau genre de vie; d'autant mieux que Matamore le voyait maintenant
d'un très-bon œil et lui faisait un petit grogne-
ment amical chaque fois qu'il passait devant sa
loge. L'intelligent caniche allait sans cesse de la

erme aux champs, où il regardait ses maîtres travailler, et des champs à la ferme où il avait entrepris de se rendre utile en empêchant les poules de venir picoter le petit blé qu'on donnait aux brebis. Certes, l'emploi que s'était adjugé Balthasar n'était pas une sinécure; il fallait, pour le remplir conciencieusement, dépenser beaucoup d'instinct et une surveillance de tous les instants; mais Victoire, qui le voyait monter la garde ou courir tout haletant au grand soleil, le récompensait et l'encourageait en lui donnant de temps à autre une tasse de lait.

Les choses durèrent ainsi deux jours; le troisième au matin, rien encore ne faisait prévoir qu'elles dussent changer. Seulement, à midi, les enfants apprirent de Victoire que M. Robert était absent pour une partie de la journée et que M. Lebègue et Richard montaient en voiture pour se rendre chez Mme de Senneçay. Nos amis savaient que c'était pour eux que M. Lebègue s'absentait; néanmoins leur cœur se serra en apprenant qu'ils allaient rester toute une après-midi sans voir leurs protecteurs. Vous savez, mes petits lecteurs, que leurs camarades, dès le premier jour, leur avaient montré de la mauvaise humeur. On leur en voulait parce qu'ils travaillaient bien. D'un autre côté, on les regardait comme des intrus qui étaient venus faire du tort aux enfants du village. Jusque

alors on s'était contenté de leur montrer les dent
parce qu'on craignait M. Lebègue et M. Robert
mais aussitôt qu'on sut ces messieurs absents, o
organisa une cabale pour obliger mes amis à quit
ter les Granges le jour même. Parmi les six enfant
qui travaillaient avec eux, il y avait quatre garçons
ces quatre s'étaient renforcés de deux autres qu
étaient venus censément en amateurs, parce qu'il
trouvaient que c'était une heureuse manière d'em
ployer leur congé du jeudi. C'était ce qu'ils disaien
du moins, mais la vérité est que les autres le
avaient été chercher. A une heure, au lieu de s
mettre à l'ouvrage, on resta sur la route à jouer
aux billes. César et Aimée, suivis des deux vieilles
femmes, travaillèrent comme de coutume. Les gamins voulurent les forcer à jouer avec eux; mes
amis résistèrent; une bataille s'engagea. Ces mauvais sujets n'eurent point honte de leur nombre,
six contre deux, et frappèrent comme des lâches
qui se sentent en force. Les deux autres petites
filles et les vieilles femmes, tranquillement assises
sur leurs paniers, regardaient cette lutte sauvage
d'un œil calme et, disons-le, presque content; ces
créatures bornées, croyant que les habitants du
village, seuls, avaient droit à la bienfaisance de
M. Lebègue, voyaient avec humeur ces étrangers
qui la partageaient avec eux. Balthasar, qui était
accouru au secours de ses maîtres, mordait à belles

Balthasar mordait à belles dents. (Page 110.)

dents au hasard dans le bataillon ennemi; il atteignit enfin un mollet plus tendre ou plus sensible que les autres; le gamin blessé se retourna et appuya si cruellement son pied, grossièrement chaussé d'un sabot, sur la patte du malheureux chien, qu'on put la croire broyée. Le pauvre Balthasar en perdit presque connaissance. César le prit dans ses bras, et laissant sur la place sa bêche et son panier, s'enfuit à toutes jambes avec Aimée qu'il tenait par la main. Ils voulaient retourner aux Granges, mais les autres s'arrangèrent de manière à leur couper le chemin. Les pauvres enfants se sauvèrent comme ils purent à travers champs pendant plus d'une heure, jusqu'à ce qu'enfin ils eussent perdu leurs ennemis de vue.

Le soir, Victoire témoigna une grande surprise en ne les voyant point rentrer. « Il est inutile de les attendre, dirent les vieilles femmes. Ce sont de petits paresseux; comme il les ennuyait de travailler assidûment, ils ont planté là le panier et la bêche, et se sont enfuis avec leur chien.

— Il y a quelque chose là-dessous, dit la bonne Victoire tout attristée; mais si vous ne dites pas la vérité, M. Lebègue saura bien la découvrir.

— M. Lebègue? Il verra combien il a eu tort de s'intéresser à des enfants qu'il ne connaissait point, à des étrangers, à des vagabonds qu'il n'aurait pas même dû garder chez lui une heure. N'y a-t-il pas d'ailleurs assez de monde dans la commune pour faire son ouvrage ? »

Quand M. Robert rentra, tout le monde à la ferme était couché depuis longtemps; il était trop tard pour envoyer à la recherche de mes malheureux amis. M. Lebègue revint aux Granges le lendemain soir seulement. Le samedi, dès le matin, il envoya des courriers dans toutes les directions pour savoir ce qu'étaient devenus les enfants; mais on ne les rencontra point; personne n'avait entendu parler d'eux.

CHAPITRE IX.

En flânant. Une nouvelle connaissance.

Encore une fois César et Aimée se retrouvèrent seuls. Il est vrai qu'ils avaient maintenant de quoi vivre, mais ce n'était qu'une chétive consolation. Croyez bien, mes petits lecteurs, qu'ils auraient abandonné de bon cœur leur belle petite pièce de cinq francs pour demeurer toujours auprès du jeune M. Richard, qui s'était montré si bon pour eux. Mais, hélas! il est bien rare qu'en ce bas monde on obtienne comme cela, tout de suite et sans effort, les choses qu'on désire le plus. Il n'est donné à personne de régler sa destinée.

Je ne veux point les suivre pas à pas, cela manquerait d'intérêt. Ils allaient, ils allaient!... suivant Balthasar, qui, bien qu'il n'eût que trois pattes à sa disposition, se montrait infatigable. Ils se nourrissaient comme ils pouvaient, mangeant la plupart du temps du pain dont ils partageaient la mie avec les oiseaux.

Quoiqu'ils eussent un regret profond de ne plus demeurer à la ferme des Granges, où ils avaient trouvé en Victoire une si excellente amie, ils vécurent comme cela deux jours dans la paix et l'insouciance, abusant un peu, pour jouer et courir, de cette liberté qu'ils goûtaient pour la première fois. Quand Balthasar les voyait occupés à construire des maisons avec les pierres de la route, ou bien à creuser des canaux en travers d'un chemin pour mettre en communication des fossés pleins d'eau, il s'asseyait sur son derrière, et, sérieux comme un Quaker, il montrait par sa mine grave et impassible que ces jeux ne lui plaisaient pas. Mais les enfants n'y prenaient point garde et, comme si de rien n'était, continuaient de perdre agréablement le temps. D'autres fois le brave chien impatienté prenait le parti de s'enfuir pour les arracher à ces occupations oiseuses. Cela réussissait toujours; dès qu'ils apercevaient Balthasar au loin, ils s'empressaient de courir pour le rattraper; le caniche satisfait y mettait de la complaisance et revenait sur ses pas. Et l'on marchait ensuite pendant une heur ou deux sans songer à jouer.

Une après-midi que le temps était à l'orage, ils

s'étaient encore arrêtés, et sans souci des heures qui fuyaient, s'attardaient à l'édification d'une jolie maison bourgeoise. Cela marchait tout à fait bien : le rez-de-chaussée était solide et sagement distribué. On avait fait un plancher comme on avait pu, avec quelques tiges de sureau vert et des brindilles de hêtre ramassées au pied d'une pile de fagots. Ce n'était pas, à vrai dire, d'une élégance recherchée ; mais on pouvait fort bien s'en contenter, surtout si l'on avait des goûts modestes; quant au deuxième étage, il montait; encore un peu, et mes amis, se faisant charpentiers, allaient poser la toiture, une série de petites lattes qu'ils avaient taillées dans des copeaux, lorsqu'ils s'aperçurent que Balthasar n'était plus là. Ils se trouvaient à quelques centaines de pas d'un village appelé Viry. Alors, et sans se soucier d'achever une œuvre qui devait cependant leur donner de grandes satisfactions d'amour-propre, ils se mirent, sans perdre une minute, à courir dans la direction du village. Mais comme ils étaient sur le point de s'engager dans la rue principale, ils se rencontrèrent avec une troupe de paysans qui en sortaient, tous armés de fourches, de brocs, de serpes et marchant à la poursuite de quelque chose que mes amis virent passer devant eux, comme un point blanc qui fuyait avec une rapidité vertigineuse. Derrière les hommes, des femmes et des enfants accouraient en poussant des clameurs : « Au chien enragé! au chien enragé! criait-on, fermez vos portes! » César et Aimée, effrayés comme les autres, regardèrent en avant pour comprendre un peu de quoi il s'agissait. Hélas! mes bons petits lecteurs, le point blanc c'était Balthasar!... à ce qu'ils pensèrent du moins, mais il était si loin déjà qu'on pouvait s'y tromper.... A leur tour, ils crièrent : « Si c'est Balthasar, ne lui faites pas de mal; il n'est pas méchant. »

Mais les paysans n'entendaient point et couraient toujours. Enfin tout le monde s'arrêta, et un profond silence régna au milieu de cette foule qui tout à l'heure poussait des cris de forcené. Une lutte s'engagea entre un des hommes et le chien; lutte effroyable, car l'homme, un jeune garçon de dix-huit ans, n'avait pour toute arme qu'une fourche à dents de fer.

Je vous laisse à penser si l'anxiété était vive parmi les spectateurs, au milieu desquels se trouvait la mère du jeune garçon. Par moment on se flattait que tout était fini; mais tout à coup le chien, qu'on avait cru terrassé, reparaissait bondissant d'un autre côté, et la pauvre mère gémissait à fendre l'âme. Cela dura ainsi deux ou trois minutes qui parurent des siècles.

Enfin le jeune homme, demeuré vainqueur, souleva avec sa fourche le cadavre du chien qu'il montra à la foule. Cette vue opéra un soulagement

jeune homme souleva avec sa fourche le cadavre du chien. (P. 118.

immense, et tous les cœurs se dilatèrent. Ce fut à qui se précipiterait pour féliciter le jeune héros et s'assurer qu'il n'était pas blessé. Plus le danger avait été grand, plus on se montra joyeux. Les enfants du village couraient, chantaient et dansaient dans la rue. Les grandes personnes, elles-mêmes, parlaient et riaient avec une verve qui ressemblait à de la frénésie.

Après s'être bien assuré que le monstre était mort, on creusa dans un guéret une fosse profonde de plusieurs pieds; on y jeta le cadavre qu'on recouvrit de terre, et tout fut fini. Mais alors César et Aimée, à qui l'idée que c'était leur ami qu'on venait d'enterrer là ne laissait aucun repos, se mirent à appeler Balthasar à grands cris. Ce qu'entendant les petits paysans, ils ramassèrent des cailloux sur la route et poursuivirent les deux pauvres enfants fort loin à coups de pierres, et leur auraient fait un mauvais parti, s'il ne s'était rencontré un bois où les malheureux se refugièrent.

Là ils s'accroupirent sur l'herbe et se livrèrent tout entiers à la douleur d'avoir perdu Balthasar. C'en était donc fait! Ils ne reverraient plus leur fidèle et dévoué compagnon!... Et ils pleuraient!... On n'a pas l'idée d'un tel désespoir. Aimée, le visage enfoui dans son tablier et la tête appuyée sur ses genoux, sanglotait à faire pitié. César, en homme qu'il était déjà, pleurait plus silencieusement ; mais son chagrin, pour être plus calme, n'en était pas moins profond !...

Par moment, cependant, ils cessaient de pleurer ; une voix intérieure, un pressentiment leur disaient que Balthasar était vivant; que ce n'était pas lui que le jeune paysan avait tué. Et d'ailleurs pourquoi ces gens auraient-ils fait mourir Balthasar, qui était si doux et si inoffensif ? Un chien enragé !... Si leur ami eût été frappé d'un tel malheur, n'en auraient-ils point remarqué quelques symptômes ?... Mais Balthasar se portait bien ;... le matin même il avait déjeuné de bon appétit avec eux.... Ce chien qu'on avait enterré et qui ressemblait si fort à Balthasar, ils ne l'avaient point vu de près; pourquoi n'en serait-ce pas un autre ?...

Oui, sans doute, ce pouvait être un autre chien ; mais pourquoi aussi Balthasar ne se montrait-il pas, s'il était vivant ? Pourquoi ne venait-il pas rassurer ses maîtres et leur dire, ne vous désolez plus ; me voici ?... Ah ! mon Dieu ! ces pressentiments n'étaient-ils donc que de faux espoirs destinés à faire paraître la réalité plus amère encore. Une telle incertitude était intolérable.... Mais Balthasar était mort; il n'en fallait plus douter ! Et les pauvres enfants se remettaient à pleurer.

Combien de temps demeurèrent-ils en cet état ? Nous ne saurions le dire ; ni eux non plus, bien certainement. Néanmoins, il est permis de supposer que cela durait depuis plus de deux heures, parce que la clarté du jour était sensiblement diminuée, lorsqu'ils furent, pour ainsi dire, réveillés, rappelés à la vie par un léger bruit, une espèce de froufrou qui se produisit dans le feuillage épais du fourré, à quelques pas d'eux. Ils relevèrent la tête ; quelque chose rampait dans l'herbe en se dirigeant de leur côté. Or ce quelque chose, mes petits lecteurs, c'était Balthasar !... Balthasar encore tout tremblant et tout effrayé, mais joyeux cependant. D'un bond, il sauta sur les genoux d'Aimée, qui l'embrassa comme un enfant ; puis sur ceux de César, qui l'examina avec attention pour s'assurer qu'il n'était pas blessé. Balthasar n'avait aucune trace de blessure sur sa petite personne. Définitivement, ce n'était pas lui que le jeune paysan avait transpercé d'une fourche. Tout cela était fort heureux, et on avait lieu de s'en réjouir. Mais pourquoi M. Balthasar avait-il causé tant d'inquiétudes à ses maîtres, en demeurant si longtemps loin d'eux après ce qui s'était passé ?... Si Balthasar avait pu répondre, il leur aurait appris qu'on avait fait un véritable massacre de chiens à Viry, et que jusqu'à cette heure il n'aurait pu, sans risquer sa vie, sortir de la retraite qu'il avait heureusement trouvée dans la demeure qu'un renard s'était jadis creusée sous une meule de foin.

César et Aimée, absorbés par la joie d'avoir retrouvé leur fidèle serviteur, n'avaient point remarqué que le temps s'était couvert au coucher du soleil, et que la nuit s'avançait sombre et effrayante comme ils ne l'avaient encore jamais vue. Une pluie fine et glacée vint leur rappeler qu'il était temps de chercher un gîte. Un gîte!... Ce mot les jeta dans des appréhensions terribles. Sans être des logiciens d'une force remarquable, ils raisonnaient suffisamment pour comprendre qu'il serait imprudent d'aller avec Balthasar demander un gîte aux habitants de Viry. Après le drame de l'après-midi, ces braves gens ne devaient pas voir d'un bon œil des chiens étrangers dans leur village.

Après s'être consultés, mes amis se dirigèrent d'un autre côté, et malgré une obscurité, devenue tout à coup épaisse, se mirent à marcher d'un bon pas, espérant atteindre en peu d'instants un hameau, une ferme, une maisonnette, quelque chose enfin où on voulût bien leur permettre de passer la nuit.

La pluie, comme je vous ai dit, tombait fine, serrée, froide, et le vent, qui soufflait avec violence, gémissait tristement dans les arbres et courait dans la plaine en poussant des hurlements de bêtes fauves. C'était lugubre. D'un autre côté, comme mes amis recevaient ce vent et cette pluie en plein visage, leur marche était pénible, ils n'avançaient que difficilement et se fatiguaient beaucoup. Aimée, pour se garantir les mains et la figure, avait relevé sa jupe sur sa tête. Quant à César, habitué depuis longtemps aux intempéries et moins sensible qu'Aimée, il marchait héroïquement sous la pluie, ne la sentant presque pas, tant il avait hâte d'arriver et de procurer un abri à sa sœur.

Mais il est des jours où une fatalité malheureuse semble nous poursuivre, et où l'on dirait, si on n'était chrétien, que la Providence a cessé de veiller sur nous. Ces jours-là, nos efforts demeurent inutiles, nos espoirs les mieux fondés nous trompent, et le but que nous voulons atteindre nous échappe ou recule à mesure que nous avançons, comme ces mirages que voient, dit-on, fuir devant eux les voyageurs qui traversent le désert. Vous, mes petits lecteurs, vous savez que ce sont là des jours d'épreuve que le bon Dieu nous envoie pour affermir notre courage et fortifier notre âme. Mais César et Aimée n'étaient en réalité ni chrétiens, ni païens, et n'avaient point la douce consolation de se recommander à la bonté divine. Si tout récemment ils avaient appris à réciter quelques prières, ce n'étaient pour eux que des mots sans signification et dont le sens leur échappait. — Les pauvres enfants avaient beau marcher, rien ne leur apparaissait; c'était à croire que le chemin qu'ils avaient pris ne conduisait à aucune habitation. Le découragement allait s'emparer de leur esprit, lorsque tout à coup une lueur, une sorte d'éclair passa à côté d'eux, non loin de la route.

« Chienne de pluie! fit en même temps une voix odieusement éraillée, quoique fort jeune encore; elle est cause que mes allumettes ne veulent pas mordre et que je ne pourrai fumer ce soir. Comme c'est gai de passer une jolie soirée comme celle-ci en tête à tête avec son propre répertoire!... Et pas seulement un billard!... C'est-il *sciant!*... Vrai, ce pays n'est pas habitable, on s'y croirait dans le grand désert... Aïe! ratée! encore une!... Elles y passeront toutes!... Décidément, je n'y prolongerai pas mon séjour, et demain, avant le lever de l'aurore, je secoue la poussière de mes sandales et dirige mes pas vers des contrées plus hospitalières! »

Balthasar, comme réveillé en sursaut par ce monologue, ne fit qu'un bond du chemin dans les terres.

« Ah! ah! reprit aussitôt la voix, qu'est-ce que c'est que cela? Un camarade? Hé! l'ami, on n'entre pas ainsi chez les gens bien élevés, sans crier gare!... On se fait annoncer, que diable!... Qu'es-tu? chien, renard, tigre, panthère?... Pristi! mon cher, fais donc entendre un peu ta voix pour que je sache au moins qui j'ai l'honneur de recevoir?

— Balthasar, Balthasar! appelaient mes amis.

— Est-ce que c'est toi qu'on appelle Balthasar? Viens un peu me dire cela! »

Tout en parlant, le propriétaire de la voix éraillée avait réussi à faire prendre une allumette.

« Bah! dit-il à Balthasar lorsqu'il l'eut examiné, tu n'es qu'un simple caniche, et un caniche mouillé, ce qui ne rehausse pas d'un centimètre ta position sociale. N'importe! tu as l'air intelligent, et l'esprit est de toutes les conditions. »

César et Aimée, guidés par la lumière, avaient suivi Balthasar, et étaient entrés dans une de ces petites huttes en terre, comme en élèvent à peu de frais les paysans pour se faire un abri et resserrer les outils qui leur servent aux travaux des champs. Là, ils trouvèrent Balthasar en compagnie d'un jeune garçon qui allumait gravement une grosse pipe.

« Tiens, Balthasar, fit ce garçon, voici tes maîtres qui viennent te réclamer. Disons-nous adieu! »

Mais Balthasar ne bougeait. César et Aimée étourdis, stupéfiés et comme ahuris par le vent, la pluie et la fatigue, restaient bouche béante, regardant sans voir et écoutant sans entendre.

« Tu ne comprends donc pas, Balthasar? dit le garçon à la pipe; adieu, mon pauvre ami! »

Mais tous trois, le caniche et ses maîtres, gardèrent la même immobilité.

« Tiens, tiens! s'écria le jeune garçon en riant, c'est drôle, ça, tout de même! Dites donc, vous autres, est-ce que vous n'allez pas bientôt partir? »

Les enfants étaient timides, ils n'osèrent répliquer.

« Viens, Balthasar, allons-nous-en, » dit César avec découragement.

Balthasar fit comme s'il n'avait pas entendu.

« Bon! fit le jeune garçon, je vois ce que c'est. Toi, mons Balthasar, tu es un chien d'esprit; tu te dis en toi-même : assez comme cela de pluie, de vent et de crotte; au tour des autres si le cœur leur en dit! Moi, je suis bien ici et j'y reste. C'est-y pas vrai, hein, mon vieux, que tu te dis cela? »

Et il passa la main sur le dos du caniche.

« Et ces enfants qui sont nos maîtres, allons-nous donc les laisser partir comme cela?

— Nous ne partirons pas sans lui, dit Aimée, qui reprenait peu à peu possession de ses idées.

— Et le papa? et la maman qui nous attendent en faisant le feu et en préparant la soupe aux choux?... Ah! mais non, vous ne resterez pas ici... C'est moi qui n'entends point ainsi les choses!... On viendrait vous y chercher.... ça me dérangerait.... Pas d'imprudence, mes mignons; ne compromettez pas les honnêtes gens qui laissent le prochain dormir en paix.

— Personne ne nous attend, dit César.

— Pas possible! Et où allez-vous donc comme cela?

— Nulle part....

— Tiens ! c'est ça qui est commode !... Alors si je vous offrais l'hospitalité dans ma résidence aussi champêtre que modeste, accepteriez-vous ?

— Si cela ne vous gêne pas, répondit naïvement César.

— Comment donc, fit l'autre, d'un ton cérémonieux, enchanté de vous faire plaisir !... Et d'ailleurs, vous savez, où il y a de la place pour un il y en a pour quatre !... en se serrant un peu .. »

Puis changeant de ton :

« C'est moi que ça embêtait de passer la nuit comme ça tout seul au milieu des champs !... A présent, nous allons rire, pas vrai? Pour commencer, faisons du feu ; j'ai vu du bois par ici.... Voilà une heureuse idée d'avoir entassé des fagots dans ce coin !...

— Cette maison est donc à vous? demanda César.

— A moi? Ah ça, d'où sors-tu donc, toi? A moi?... Parbleu ! si elle est à moi !

— Je n'ai pas dit cela pour vous fâcher.

— C'est bon, je ne suis pas susceptible;.. voyons, voulez vous vous approcher du feu et sécher vos habits ?

— Ce n'est pas de refus, dit César en faisant placer commodément Aimée ; après quoi il s'approcha à son tour, et tous trois, ou plutôt tous quatre, car

Balthasar était de la partie, se chauffèrent joyeusement. »

A la lueur du foyer, mes amis purent examiner leur hôte : c'était, au premier abord, un enfant d'une douzaine d'années, mais, en réalité, il en avait quatorze, peut-être quinze. Ses vêtements étaient ceux d'un ouvrier; seulement il portait des souliers vernis, — misérablement éculés, par exemple! — et avait la main fine et blanche, sinon propre, des gens qui ont vécu dans l'oisiveté. En somme, c'était un assez singulier personnage; et sa physionomie encore plus maligne qu'intelligente ne plaisait qu'à moitié à mes amis. Mais, vous le savez, on n'a pas toujours la liberté de choisir son hôte.

Le feu était bon et brûlait bien; le prétendu maître du logis n'épargnait point le bois. De plus, la hutte n'était point, comme vous pourriez le croire, encombrée de fumée, car le jeune garçon avait eu l'esprit de faire le feu sous une espèce de lucarne percée au levant, laquelle ce soir-là, remplit fort bien l'office d'une excellente cheminée. César et Aimée furent bientôt réchauffés; intérieurement ils en remerciaient leur hôte, et, malgré le peu de sympathie qu'il leur inspirait, se sentaient tout pleins de bons sentiments à son égard. Petit à petit, ils reprirent de l'assurance, et bientôt, quittant l'attitude d'oiseaux effrayés qu'ils avaient en arrivant, ils hasardèrent un coup d'œil autour d'eux

Le feu était bon et brûlait bien. (Page 130).

pour voir comment était faite leur demeure momentanée.

« Dame! fit le jeune garçon qui avait suivi leur regard, c'est moins somptueux que le palais des Tuileries.... Mais s'il manque par ci par là quelques dorures, du moins les toiles d'araignées abondent.... Bast! c'est toujours assez bon pour un jour de pluie.... »

Puis il reprit après un court moment de silence :

« A propos, n'est-il pas l'heure de souper... Qui est-ce qui soupe ici ? »

Nos amis sortirent de leur poche un morceau de pain rassis, qu'ils se mirent bravement à manger.

« Si le cœur vous en dit, nous le partagerons avec vous? proposèrent-ils honnêtement à leur nouveau camarade.

— Bon! fit celui-ci, c'est là tout ce que vous avez à offrir ?.... Comme on se fait des idées.... Moi, je vous aurais crus mieux approvisionnés que ça. »

Alors, furetant de tous côtés dans la hutte, il finit par découvrir deux ou trois sacs de pommes de terre qu'on avait cachés sous de la paille. Ouvrir un sac, en choisir une douzaine, rejetant celles qui n'étaient pas assez fraîches pour garder les plus saines et les plus belles, et les disposer convenablement sous les cendres chaudes, fut l'affaire d'un instant.

« Que faites vous là? demanda César.

— Ce que je fais?... Parbleu! avec ça que c'est difficile à comprendre. Ne vois-tu pas, jeune sauvage, que je prépare un souper excellent avec des pommes de terre que j'ai empruntées à mon propriétaire?

— Elles ne vous appartiennent donc pas ?

— Peuh!.:... Il y a du pour et du contre....

— Je croyais que tout ici vous appartenait?

— Ah çà, vas-tu me chicaner pour quelques méchantes pommes de terre que le propriétaire de cette cabane a peut-être volées à son voisin?

— Si elles ne sont pas à vous, dit César, qui se rappelait ce qu'on lui avait recommandé à Orly, vous avez tort d'en prendre. Pourquoi ne voulez-vous pas de notre pain ?

— Voilà qui est fort!... Vas-tu me faire poser bien longtemps comme cela, et te mettre sur le pied de faire ta tête à mes dépens? Voyez un peu ce Don Quichotte en herbe qui se donne le genre de défendre le bien d'autrui!... De quoi te mêles-tu, gros innocent?... Après tout, futur garde-champêtre, rien ne t'oblige à partager mon souper. Je me sens, du reste, assez d'appétit pour en venir à bout tout seul. »

Tout en parlant, le jeune garçon soignait ses pommes de terre, les tournant et retournant avec amour.

Elles furent bientôt cuites à point. Il en ouvrit une et aussitôt un arome qui devait être sensible à des palais peu blasés vint frapper l'odorat de mes amis. Les pauvres enfants avaient encore faim et leurs yeux brillèrent de convoitise. César regretta presque de s'être montré si fier ; l'autre s'en aperçut, mais se garda bien de renouveler son offre.... Allez, mes petits lecteurs, il ne faut pas que les heureux de ce monde se montrent trop sévères pour ceux qui souffrent; il est pour certains enfants quelquefois bien difficile de rester honnêtes,... et si la Providence ne les aidait pas un peu !... Enfin !...

Mes amis se couchèrent sur une botte de paille, leur camarade en fit autant, et tous trois dormirent profondément parce que tous trois étaient accablés de fatigue. Mais le lendemain, au petit jour, César et Aimée furent éveillés par leur compagnon. Il s'agissait de quitter la place, avant que le maître de la hutte n'arrivât à son champ, si par hasard il lui prenait fantaisie d'y venir.

On se leva vivement; en un tour de main, les bottes de paille furent rattachées et replacées où on les avait prises, puis on sortit. Le jour naissant étendait sur la campagne une lueur blafarde qui permettait de distinguer les objets. Le ciel était encore étoilé, mais ce n'était plus la nuit, et mes amis, se sentant le cœur aussi dispos et l'esprit aussi libre que le soir précédent ils les avaient troublés, marchaient d'un pas alerte et ferme. Il faisait beau d'ailleurs; et, sans la rosée qui leur mouillait les jambes, ils ne se fussent pas rappelé qu'il avait plu la veille.

Petit à petit l'horizon s'empourpra. César et Aimée, qui n'étaient pas encore habitués aux effets grandioses d'un beau lever du soleil, s'étonnaient avec une naïveté pleine d'admiration. Balthasar, comme ivre de joie, se roulait dans l'herbe mouillée, courait, jappait, grattait la terre avec ses ongles, la creusait avec son museau, enfin faisait un millier de folies; on eût dit qu'il fêtait le retour d'un ami absent depuis trop longtemps.

Et plus j'y pense, mes petits lecteurs, plus je me persuade que c'était là, en effet, le secret de son bonheur. Balthasar retrouvait dans le spectacle du soleil qui s'élevait lentement et majestueusement au-dessus de la terre, en dissipant les vapeurs de la nuit, un des heureux souvenirs de sa jeunesse. Quant au compagnon de ses jeunes maîtres, il haussait dédaigneusement les épaules et bourrait sa pipe avec les gestes et la mine d'un homme blasé depuis longtemps sur les plus beaux spectacles de la nature, et que plus rien en ce genre ne peut émouvoir désormais.

CHAPITRE X.

Monsieur Sabin et sa noble famille. — Un festin de Sardanapale.

Il se peut, mes petits lecteurs, que vous soyez surpris de voir mes amis cheminer en compagnie de ce mauvais sujet dont ils connaissaient maintenant le nom, et qu'ils appelaient Môssieur Sabin, gros comme le bras. C'est que Môssieur Sabin était un habile homme pour son âge. Comme il avait, tout porte à le croire, de secrètes raisons pour redouter les gendarmes, les gardes-champêtres, les messiers, enfin tout ce qui portait un sabre ou un tricorne, la compagnie de ces deux enfants, qui avaient l'air si candide, s'était tout de suite présentée à son esprit comme une sorte de protection. Il avait bien dans son sac un certificat où il était expliqué que lui, Sabin, s'en allait à Fontainebleau pour rejoindre ses parents ; mais deux sûretés valent mieux qu'une ; et il se promettait d'ajouter sur le papier en question qu'il voyageait avec son frère et sa sœur. Les choses étant ainsi arrangées, il lui semblait impossible d'être inquiété à l'avenir ; il se disait qu'il pourrait voyager au grand jour et sur les grands chemins, au lieu de se cacher comme il avait fait depuis le commencement de la semaine.

Il faut dire aussi qu'il avait guigné les coins du mouchoir de César, et flairé quelque aubaine par là.

Il entreprit alors de faire la cour à mes amis, lesquels malheureusement n'étaient que trop faciles à séduire.

On cheminait donc de compagnie, Sabin racontant des histoires de sa composition, et César et Aimée croyant tout cela comme parole d'Évangile. Tout à coup Sabin se mit à se frotter le ventre et à faire toutes sortes de grimaces.

« Pristi ! s'écria-t-il, que j'ai faim ! il n'est rien de tel, pour vous creuser l'estomac, que de respirer l'air vif du matin après avoir soupé la veille de pommes de terre cuites sous la cendre. C'est pas pour dire, mais si j'étais dans ma respectable famille, il régnerait sur ma table une abondance qui me fait joliment faute pour le moment.

— Vous avez donc une famille? demanda naïvement Aimée.

— Bon!... Eh bien, pour qui donc me prends-tu ?

— Où demeurent-ils, vos parents? fit César à son tour.

— Je crois, petits sauvages, il les appelait ainsi par amitié, répondit Sabin, que vous vous permettez de me questionner. C'est hardi de votre part et inconvenant au possible. Ignorez-vous donc que les inférieurs sont tenus d'attendre, pour parler, que leurs supérieurs aient daigné leur adresser la parole? or, je suis votre supérieur par l'âge, l'expérience et l'éducation. Mais je veux être bon prince et vous répondre comme si c'était conforme aux usages. »

Ici le jeune garçon fit une pause assez longue pendant laquelle il alluma sa pipe avec une sorte de suffisance (Sabin fumait toujours, même en parlant), puis il raconta l'histoire que voici :

« Mon père, jeunes sauvages, demeure partout.... partout où il y a des grands chemins. Il s'est construit lui-même pour son usage et celui de sa famille un palais qu'il fait, selon sa fantaisie, transporter du Nord au Sud, de l'Est à l'Ouest, ou dans toute autre direction qu'il lui plaît. Oui, petits, un palais roulant. Vous n'avez jamais vu cela, vous autres ? Un manoir qui nous conduit, nous et notre fortune, d'une ville dans une autre, au gré de notre caprice. A la sécurité du colimaçon qui peut rentrer dans sa coquille à la moindre alerte, nous joignons la liberté des oiseaux que vous voyez voltiger d'arbre en arbre et de buisson en buisson. Aussi, comme les hirondelles, qui, les mauvais jours venus, s'en vont chercher fortune en des climats plus doux, nous émigrons sans cesse d'un pays pauvre ou épuisé dans un autre où nous savons trouver la vie facile et abondante. Nous sommes comme ces pasteurs orientaux dont on raconte de si belles histoires ; nous plantons notre tente et faisons paître nos troupeaux là où les pâturages nous semblent plus verts et plus tendres. Vous comprenez bien, petits, que c'est une manière de parler, car notre tente est un château comme j'ai déjà eu l'honneur de vous le dire, et en fait de troupeaux nous ne possédons qu'un pauvre vieux cheval qui a usé sa jeunesse au service de son ingrate patrie. »

Ici, le jeune garçon s'interrompit pour proposer à nos amis de déjeuner au village de Ris dont on approchait. Ils acceptèrent sans difficulté aucune ; Sabin avait le don de les charmer.

« Et votre cheval ? fit Aimée.

— Fidèle ! voici : à l'âge réglementaire on l'a rayé brutalement des cadres de l'armée et mis hors de service sans lui faire un centime de pension.

« Mon père, jeunes sauvages, demeure partout..... » (Page 139.)

C'est d'une petitesse !... d'une petitesse !... crasseuse, n'est-ce pas ? Heureusement qu'un monsieur retiré du commerce de la passementerie avec des rentes par-dessus la tête eut l'idée de l'acheter pour lui faire un sort.... et pour l'atteler à une demi-fortune. A la mort de cet homme généreux, Fidèle passa aux mains d'un huissier de province, et, de chute en chute, tomba jusqu'à celles d'un chaudronnier ambulant. C'est de ce dernier que mon père le tient. Pauvre vieux cheval ! je ne lui connais que deux défauts, mais là deux vrais défauts, deux défauts tels qu'on pourrait les appeler des vices.

— Est-ce qu'il mord ? demanda Aimée.

— Lui ? Oh ! non, par exemple ; et avec quoi mordrait-il ? il n'a plus de dents. Non, oh ! non, il ne mord pas ; je ne veux point le calomnier.

— Lesquels, alors ?

— Son grand âge d'abord, puis un appétit qui revient tous les jours avec une régularité désespérante.... On a beau le nourrir copieusement la veille, il a encore faim le lendemain ; c'est un guignon, on dirait qu'il ne vit que pour manger. Les maîtres qui l'ont laissé contracter cette mauvaise habitude ont manqué de prévoyance et se sont rendus bien coupables envers lui. Mais n'importe ! si nous ne lui donnons pas tous les jours autant d'avoine qu'il en pourrait souhaiter, les bons traitements ne lui font pas défaut, et il est dans la famille sur un pied d'intimité fort enviable. »

A dire vrai, mes petits lecteurs, nos amis ne comprenaient pas toujours ce beau langage, et profitaient de toutes les interruptions pour ramener le narrateur au fait.

« Quel est donc, demanda César, le métier que fait votre père?

— Un métier, mal-appris? Sachez, jeunes sauvages, que mon père exerce une profession libérale!... Voué par une vocation impérieuse au culte des arts et des lettres, il s'est donné pour mission d'éclairer les peuples en les initiant aux beautés de la littérature dramatique.... Mais ceci est tout à fait au-dessus de la portée de votre intelligence et ne vous intéressera pas.

— Si fait, fit César, vous voulez dire que votre père est comédien.

— Bravo! tu n'es pas si bête qu'on pourrait le croire. Apprends donc alors que dans son palais portatif il a réuni tout ce qui est nécessaire pour établir en quelques instants un théâtre bien conditionné. D'un autre côté, il possède une troupe d'acteurs.... Oh! mais d'acteurs.... Il faut voir ça, mon cher. A la vérité, une bonne part de leurs succès revient à mon père et à ceux d'entre nous qui leur donnent la voix et le mouvement; car ce ne sont que des marionnettes, et des marionnettes, si bien douées qu'elles fussent, ne sauraient parler ni se mouvoir d'elles-mêmes, vous pensez bien.

— Oh! je sais, dit Aimée; je connais l'homme qui fait parler celles du théâtre de Guignol, au Luxembourg.

— Oui dà!... Mais ce n'est pas du tout la même chose, ma belle. Guignol est un théâtre pour les enfants, et sur lequel on ne joue que des niaiseries, tandis que notre théâtre, à nous, est d'un genre sérieux et tout à fait relevé. Nous représentons des tragédies, des drames et des comédies pour de vrai, en deux actes, en trois actes, en six actes, en douze actes,... en autant d'actes que nous jugeons à propos, enfin! Tantôt c'est *la jeune et innocente Esther chez le farouche sultan Assuérus*, de M. Molière, un bon, celui-là; tantôt le *Ruy Blas*, de M. Corneille, encore un bon, ma petite, ou bien *les amours de l'infortuné Didier et de la malheureuse Marion Delorme*, par M. Racine; on ne joue que ça aux Français. Mon père a refait ces pièces à l'usage de ses acteurs et de son public. Il en a supprimé tous les personnages dont les rôles ne sont pas indispensables, puis les tirades, les longueurs, enfin tout ce qui est ennuyeux ou peu intéressant; je vous prie de croire que ce n'était pas là une besogne d'écolier, et que pour l'accomplir il ne fallait pas être un idiot. Par exemple, il tient à ce que son nom soit sur l'affiche à côté de celui de ces messieurs. Ainsi, nous mettons : *la jeune et belle Esther*, etc., *de M. Racine, revue et corrigée par M. Dussault.* C'est justice, n'est-ce pas? »

Depuis un moment Sabin parlait tout seul, faisant les questions et les réponses à sa fantaisie; nos amis étaient trop illettrés pour lui tenir tête sur un pareil sujet, mais ils devinaient qu'il s'agissait de choses d'une grande importance, et se gardaient bien d'interrompre.

« Mais, continua le jeune Sabin, nous avons encore d'autres cordes à notre arc. Dans les contrées où les populations ne sont pas assez éclairées pour prendre du plaisir à voir représenter ces chefs-d'œuvre, nous donnons un autre genre de spectacle ; mes frères aînés sont athlètes.

— Athlètes, demanda Aimée, qu'est-ce que cela ?

— Athlètes, petite sauvage, cela signifie habile dans les exercices du corps. Les athlètes sautent, font des tours de force et enlèvent à bras tendus ou bien avec leurs dents, des poids qu'un homme ordinaire ne saurait changer de place même avec l'aide de tous ses membres, voilà ce que c'est que des athlètes....

— Et vous ?

— Moi, je suis jongleur et équilibriste; c'est cela un art ! A la bonne heure !... Donnez-moi seulement une douzaine d'oranges et un bilboquet et je vous en ferai voir !... J'aurais déjà débuté, si j'avais voulu, au cirque Napoléon; mais il est trop finaud le directeur, il voulait lésiner avec moi, et marchander sur les appointements, donner d'une main et reprendre de l'autre.... Ah! non, par exemple, non.... Avec les artistes, il faut faire les choses carrément; c'est tant, c'est tant. Voilà!... Maintenant, s'il en veut, il en demandera.... Mon intention, à moi, est de lui tenir la dragée haute.

— Combien donc en avez-vous, de frères ?...

— Cinq, trois grands et deux petits; deux petits, pas plus haut que ça; l'un a sept ans et l'autre cinq.... et drôles! Il faut les voir tourner autour du théâtre sur leurs jambes et leurs bras tendus comme les ailes d'un moulin.... Mais le plus magnifique, c'est lorsqu'à nous sept, nous formons, grimpés les uns sur les autres, une pyramide dont mon père est la base et mon plus jeune frère le sommet. Enfin j'ai une sœur. Ah! voilà, petits, une femme!... Elle renverse un homme d'un seul coup de poing et fait des armes comme un professeur d'escrime. Elle fait aussi des exercices de haute voltige sur le dos de Fidèle et danse sur la corde avec la grâce d'une déesse.... Enfin c'est une fille charmante!... Aussi, nous n'épargnons rien pour sa toilette; l'or, le velours et la soie lui sont prodigués. A la ville, elle porte des robes longues de ça! et des falbalas comme une princesse... C'est à qui parmi nous la gâtera le plus!... »

Ce portrait d'une personne remarquable à tant de titres faisait ouvrir de grands yeux à Aimée. Elle n'aurait jamais cru que tant de perfections pussent se trouver réunies chez une seule femme.

« Et votre mère, demanda-t-elle, danse-t-elle aussi sur la corde?

— Ma mère a pour mission, répondit Sabin, de recevoir le prix des places à la porte du théâtre. Puis, lorsque l'occasion s'en présente, elle tire les cartes et prédit le *passé, le présent, et l'avenir* aux individus qui l'honorent de leur confiance. Mais, tout cela, sans préjudice de ses occupations domestiques; car c'est une remarquable ménagère, et vous saurez, jeunes sauvages, que dans les jours de détresse, personne autant qu'elle n'est habile à trouver une gibelotte ou un civet dans la peau d'un angora.

— Et maintenant, reprit-il après avoir gardé un instant le silence, afin de permettre à mes amis d'admirer à leur aise combien étaient précieusement doués tous les membres de sa respectable famille, maintenant que je vous ai si complaisamment édifiés sur les miens, j'espère que vous m'accorderez assez de confiance pour venir déjeuner avec moi à l'hôtel de *l'Éléphant d'or*, où je suis parfaitement connu, et traité comme le fils de la maison?

— Faut-il beaucoup d'argent pour déjeuner à l'hôtel? demanda Aimée.

Elle renverse un homme d'un seul coup de poing. (Page 147.)

— Ne vous occupez pas de cela; j'en fais mon affaire. »

L'hôtel de *l'Éléphant d'or* était une assez triste auberge où s'arrêtaient les rouliers qui n'avaient pas assez d'argent pour se permettre de dîner au *Cheval noir*, un autre restaurant dont le maître avait des prétentions à la bonne cuisine et passait pour le Véfour de la localité.

Lorsque mes amis, conduits par Sabin et suivis de Balthasar, pénétrèrent dans la grande salle de *l'Éléphant d'or*, qui en était en même temps la cuisine, deux ou trois hommes en blouse et la casquette sur la tête, déjeunaient gloutonnement le nez dans leur assiette et les coudes sur la table.

De temps à autre, ils interpellaient la maîtresse de la maison ou la servante en disant d'une voix rauque :

« Eh! la bourgeoise, par ici! »

Ou bien :

« La cuisinière, apportez-nous donc ceci, servez-nous donc cela! »

— Eh! la fille, cria comme les autres M. Sabin en s'asseyant à une table mal essuyée, venez un peu qu'on vous parle. »

La fille obéit.

« Tiens! c'est M. Sabin, fit-elle en découvrant, par un large rire, deux belles rangées de dents qui n'eussent point déshonoré la bouche d'un jeune poulain.

— Oui, charmante Maritorne, c'est lui-même, avec son jeune frère César et sa petite sœur Aimée; deux enfants fort aimables que je vous engage à traiter de votre mieux. »

César et Aimée, à qui la leçon avait été faite, ne démentirent point Sabin; et la servante crut ce qu'il lui dit.

« Maintenant, détaillez nous la carte du jour? demanda le jeune saltimbanque.

— Du lapin?

— Non merci! trop connu!

— De la tête de veau?

— Point de vinaigrette; j'ai mal dîné hier.

— Une omelette?

— Pas assez substantiel.

— De la fricassée de poulet?

— Trop bégueule!

— Ah! dame! C'est que vous êtes joliment difficile!... Eh bien, des côtelettes de porc frais?

— Bravo! à la sauce Robert; c'est tout à fait grand genre! Combien vous faut-il de temps pour préparer cela?

— Un quart d'heure.

— Allez. En attendant donnez-nous, pour nous faire prendre patience, une miche, un cervelas et une bouteille de cacheté. »

Au premier service, les choses allaient déjà très bien; mais au second!... Ah! au second, elles allèrent bien mieux encore. M. Sabin, tout à fait en verve, était pétillant d'esprit.... Il se livrait à tant et tant d'aimables folies que la grosse servante s'écriait en se tordant de rire :

« Est-il drôle, ce M. Sabin! Mon Dieu, est-il drôle! »

Quant à mes amis, entraînés par l'exemple, et aussi par un appétit féroce, ils avaient bu et mangé en un seul repas, plus qu'ils ne faisaient d'ordinaire en trois jours. Mais ces excès devaient leur coûter cher; le quart d'heure de Rabelais arriva : il fallut payer toute cette goinfrerie.

« C'est cent sous, dit la fille en additionnant sur ses doigts.

— Cent sous, fit M. Sabin, c'est un peu cher; mais comme tout cela était bon et cuit à point, je ne te rabattrai rien. »

M. Sabin avait si bien déjeuné qu'il tutoyait la servante.

« Paye, César, » dit-il.

César et Aimée étaient interdits à tel point qu'ils ne trouvèrent pas une objection à faire. Ce fut avec un tremblement de honte qu'ils dénouèrent le coin du mouchoir où était serrée la jolie pièce d'or de M. Richard. César la mit sur la table, Sabin s'en empara vivement.

« Je croyais que c'était dix francs, dit-il en la tournant et la retournant.... Tiens, Maritorne, fit-il en la présentant délicatement à la servante, » qui refaisait son compte, toujours sur ses doigts, en disant : dix sous d'une part, un franc de l'autre, etc., etc. « Eh bien! c'est encore vingt-cinq centimes que vous me devez, ajouta-t-elle enfin.

— Bon! fit Sabin, ça passera comme cela.

— Non pas; il me faut mes cinq sous. »

Sabin fit mine de chercher dans ses poches.

« Je n'ai pas de monnaie, dit-il.

— Ta, ta, ta! Mes cinq sous tout de suite!

— Fais-nous crédit sur notre bonne mine.

— Non, j'aurais trop peur de perdre.

— Mal-apprise!

— Allons, allons, mes cinq sous ou je vais chercher les gendarmes. »

A cette menace, mes pauvres amis s'empressèrent de donner leurs dernières ressources, qu'un moment, hélas! ils avaient cru pouvoir sauver du naufrage.

Il n'y avait que vingt centimes. La fille hocha la tête.

« Et pour moi? dit-elle.

— Tiens, voilà! » fit Sabin en l'embrassant bruyamment sur les deux joues.

Elle s'enfuit en riant, et mes amis cruellement

désappointés et le cœur plus gros qu'une montagne, sortirent tristement de la fatale auberge.

Tout d'abord Sabin, qui paraissait enchanté de lui, roula une cigarette et la fuma délicatement, du bout des lèvres, en pirouettant sur ses talons, en prenant des poses toutes plus élégantes les unes que les autres, enfin en faisant le joli garçon ; puis après il bourra sa grosse pipe et se mit à fumer sérieusement.

Quant à mes amis, pour commencer, ils crurent, tant ils avaient bien déjeuné, qu'ils n'auraient plus jamais faim. Mais avant que deux heures ne se fussent écoulées, les choses avaient changé d'aspect et l'avenir leur apparaissait déjà plus dégagé d'illusions.

Certes, ils ne songeaient point encore à dîner, mais ils marchaient piteusement côte à côte et pleuraient. Leur ami, M. Sabin, les voyait s'essuyer de temps en temps les yeux du revers de la main.

« Ah! çà, leur dit-il enfin, vous êtes de singuliers personnages, vous autres!... Qui diable aurait supposé que vous aviez la digestion si lugubre? On vous fait déjeuner comme des princes et, au lieu de remercier les gens en vous montrant aimables, vous pleurez comme deux imbéciles.

— C'est nos cinq francs! dit naïvement Aimée.

— Leurs cinq francs!...

— A présent, il nous faudra mendier.

— Peuh!...

— Dame! si nous ne trouvons pas d'ouvrage?

— Ah! ah! ah! s'écria le gamin en se tordant de rire, de l'ouvrage!... C'est ça qui est joli! de l'ouvrage! Mais ils sont drôles au possible, ces petits sauvages!

— Riez, si bon vous semble, mais mon frère et moi nous voulons travailler.

— Laissez-moi donc tranquille! fit Sabin avec un geste d'épaules intraduisible. » Puis reprenant son sérieux : « Travailler, dit-il, cela vous gâte les mains et vous prive de votre liberté!... Travailler! comme des manœuvres, n'est-ce pas? Pour quelques méchantes pièces de monnaie, se mettre à la merci d'un individu qui se croit votre maître et vous traite en esclave!... Pour gagner convenablement sa vie, je ne connais que deux moyens, moi : se faire artiste, comme nous autres, ou domestique dans des maisons où il n'y ait rien à faire. Si le sort ne m'avait pas fait naître d'une honorable famille de comédiens, j'aurais brigué l'honneur de figurer derrière un de ces magnifiques carrosses qu'on voit à Paris monter l'avenue des Champs-Élysées au trot rapide de quatre superbes chevaux anglais; ou encore de passer mes journées paresseusement étendu sur les banquettes moelleuses d'une antichambre princière. C'est ça, des positions! Du galon sur toutes les coutures comme un maréchal de France les jours de gala! ou bien habillé de noir et cravaté de blanc comme un gentleman qui se rend au bal!... Seulement, je n'aurais pas été assez bel homme; on ne veut que des beaux hommes pour remplir ces offices importants.... Ça se comprend.... Quand on est riche et qu'on peut payer.... C'est dommage, car j'aurais eu la vocation et toutes les qualités de l'emploi. Mais toi, César, qui me parais destiné à devenir grand et fort, si tu m'en crois, c'est là que tu chercheras fortune, au lieu de t'abîmer le corps et l'âme pour vous nourrir misérablement, ta sœur et toi.... A moins que tu ne préfères t'enrôler parmi nous et mener en notre compagnie une vie joyeuse et indépendante, une petite existence en dehors du monde, et qui nargue tout à la fois vos lois et vos gendarmes. Voilà, mon bonhomme, ce que tu feras, si tu as pour un centime de jugement. Ne me parlez donc plus d'ouvrage!... Travailler! c'est bon pour des lourdauds.

— Si je savais? fit César comme en se consultant.

— Quoi?

— Que ce soit comme vous dites?

— Et pourquoi ne le serait-ce pas?

— C'est juste!... Et on vous donne de l'argent pour ça?

— Si on vous en donne?... Parbleu!

— Et Aimée, que deviendra-t-elle?

— Nous lui trouverons une place de femme de chambre.

— Que fait-on quand on est femme de chambre? demanda Aimée.

— Ah! voilà! fit Sabin avec importance; chez les bourgeoises on est accablé de besogne, chez les grandes dames on ne fait rien.

— Rien du tout?

— Rien du tout. Et comme sa maîtresse, on porte des robes de soie et des chapeaux. Le tout est de bien choisir.

— Mon choix est fait; je me placerai femme de chambre où il n'y a rien à faire.

— Cela, petite sauvage, prouve en faveur de ton intelligence.

— Mais, dit César, je ne suis pas encore grand; si on ne prend que des beaux hommes on ne voudra pas de moi.

— Tu peux, en attendant, faire un très-joli groom.

— Qu'est-ce que cela?

— Quoi! jeune sauvage, tu ne sais pas ce que c'est qu'un groom? N'as-tu donc jamais vu un monsieur quelconque conduisant un grandissime cheval attelé à un tilbury si léger qu'il en paraît aérien?

Cet enfant, c'est un groom! (Page 161.)

— Si fait, j'ai vu cela.

— Et à côté de ce monsieur, qui entasse plusieurs coussins sous lui pour donner à penser qu'il est un homme superbe, n'as-tu jamais remarqué un enfant de ton âge assis un pied plus bas que son maître afin de paraître encore plus petit qu'il n'est réellement?

— Oui, je sais....

— Eh bien! cet enfant, c'est un groom.

— Et qu'a-t-il à faire?

— Rien du tout, par exemple! toujours dans les bonnes maisons, qu'à se promener en tilbury avec son maître.... Il me semble que tu peux t'acquitter de cela aussi bien que n'importe qui!...

— Si ce n'est pas plus difficile que vous dites.

— Sans compter qu'on y gagne plus d'argent qu'à faire n'importe quel état... Ne rien faire, et être bien nourri, bien logé, bien habillé et bien payé!... Est-ce assez joli, hein?

— Mais comment pourrais-je me placer groom?

— Laisse-moi faire, je te procurerai cela. Sur notre route, se trouve le château de Rochemoussue, qui appartient au prince de Rochemoussue. J'y suis parfaitement connu; le prince, qui est le meilleur et le plus généreux des princes, me protége et fait tout ce qu'il peut pour m'obliger; je lui parlerai, et la chose s'arrangera tout de suite.... En atten-

CHAPITRE X.

Sabin à Essonne. Mes amis à Chantemerle.

On arrivait à Essonne, il était deux heures de l'après-midi. Sabin s'arrêta près d'un cabaret borgne, où il entra seul.... Moins de cinq minutes après, il reparaissait aux yeux de mes amis dans un maillot couleur de chair, et n'ayant pour tout vêtement qu'un petit caleçon rouge orné de paillettes d'or, des bottines également rouges et pailletées d'or, lui maintenaient gracieusement le pied, et un cercle d'or lui ceignait la tête.

Mes amis furent éblouis; ces splendeurs les fascinèrent au point que le jeune saltimbanque leur semblait un fils de roi.

Il partit, jouant du fifre à travers les rues et faisant porter par César, que cette marque de confiance honorait infiniment, le sac que vous connaissez. Aimée suivait avec Balthasar. Cela faisait un effet prodigieux ; tout le monde se mettait aux portes et aux fenêtres pour les voir passer ; bientôt les gamins, accourant de tous côtés, leur formèrent en moins d'un instant une escorte des plus satisfaisantes. Tout cela, emboîtant le pas derrière Sabin et marchant aux sons du fifre, parcourut le bourg dans tous les sens, et, après être monté jusqu'en haut de la rue principale, redescendit pour venir s'arrêter sur le pont où un cercle d'une certaine importance se forma autour du jeune saltimbanque, lequel, prenant une pose olympienne, fit alors son boniment :

« Mesdames et messieurs, dit-il avec une galanterie de bon goût, j'ai l'honneur de vous présenter en ma personne le fils de l'illustre Lucifer, qui vous a honorés l'année dernière de sa visite, et n'a pas dédaigné d'exécuter dans vos murs les tours merveilleux qui ont fait sa fortune et porté son nom victorieux dans les six parties du monde !... Vous êtes trop au courant des progrès de la civilisation, mesdames et messieurs, pour ignorer que depuis la découverte de la Californie le monde se divise en six parties. — (Murmures dans l'auditoire qui signifient : Parbleu! si on sait cela!) L'accueil qu'il reçut de vous, reprit Sabin, l'appréciation supérieurement intelligente que vous fîtes de ses talents vous ont rendus chers à son cœur. Et, aujourd'hui qu'il se repose sous des lauriers si noblement acquis, parmi ses nombreux souvenirs celui qu'il évoque avec le plus de plaisir, c'est le vôtre ! Il aime à se dire que nulle part dans ce vaste univers qu'il a parcouru dans tous les sens, ainsi que nos planètes (grande admiration dans l'auditoire pour ce voyageur intrépide), il n'a rencontré des hommes plus courageux, plus intelligents, plus hospitaliers, plus généreux, plus instruits et plus forts, oui, plus forts, que dans cette charmante petite ville, qui mériterait bien d'en être une grande. *Lui*, qu'on a surnommé l'Hercule moderne, il a rencontré ici pour la première fois des hommes qui lui ont tenu tête et qu'il n'a pu vaincre qu'après une lutte de quelques secondes !!!... (Tous les hommes présents se regardent en ayant l'air de se dire les uns aux autres : est-ce que c'est toi?) Quant à moi, mesdames et messieurs, la nature m'ayant refusé les dons nécessaires pour marcher sur les nobles traces de mon illustre père, ce n'est donc pas par les mêmes moyens que j'essayerai de vous charmer, non ; c'est tout simplement par des exercices de précision et d'adresse que je veux enlever vos suffrages.... Avez-vous des oranges? — Qui d'entre vous me donne six, douze et même quinze oranges?... Personne n'a d'orange?... Alors, mesdames et messieurs, je vais m'en passer ; il faut savoir se contenter de ce qu'on possède et tirer partie de ses propres ressources. »

Sabin joua encore du fifre, puis, sans doute pour donner aux retardataires le temps d'arriver, il perdit quelques minutes à disposer sur le sol un tapis en serge verte. Enfin se décidant à commencer, il jongla d'abord avec des balles recouvertes d'un métal si brillant qu'Aimée pensait qu'elles étaient en argent massif. Il commença par en prendre deux seulement, puis quatre, puis six, puis dix; il les envoyait et les recevait d'abord avec les mains, puis elles lui tombèrent sur l'avant-bras, sur les épaules, sur les cuisses, sur la poitrine, sur la tête, il en était environné; c'était vraiment merveilleux, et la foule applaudissait de bon cœur. Après cet exercice, vint le tour du bilboquet. Il joua d'abord avec une seule bille, puis avec deux, puis avec trois, puis avec quatre... Il abandonna ces premières qui étaient petites pour en prendre de plus grosses, lesquelles furent délaissées à leur tour pour de plus grosses encore. Enfin, avec une adresse étonnante, incompréhensible, il jongla sans même se faire une égratignure, avec une demi-douzaine de petits poignards pointus et affilés comme des stylets. Malgré tant de savoir-faire et l'enthousiasme de la foule, il ne tomba que quelques sous sur le tapis de serge, vingt-cinq au plus..... Sabin déçu fit entendre un juron formidable, et traita tout haut d'imbécile ce bon public

Il jongla avec une demi-douzaine de poignards. (Page 166.)

qu'il flattait en si bons termes quelques minutes auparavant. Heureusement pour lui, tout le monde était parti et nos amis seulement l'entendirent.

« Bast, dit-il enfin pour se consoler, nous recommencerons demain, et la recette sera meilleure. Il n'y avait là que des femmes et des vieillards ; un tas d'infirmes qui n'entendent rien aux distractions de l'esprit, et s'imaginent que je suis encore trop heureux de les avoir amusés. Mais qu'importe! vingt-cinq sous, c'est toujours du pain pour ce soir. Nous coucherons où nous pourrons. »

Il replia bagage et on retourna au cabaret, mais silencieusement et ayant au fond le cœur assez triste.

Il me serait difficile, mes petits lecteurs, de vous dire bien au juste ce qu'éprouvaient César et Aimée dans la société de M. Sabin, et les pensées qui occupaient leur jeune esprit. Malgré la perspective enivrante de devenir domestiques dans des maisons où il n'y aurait rien à faire, ils n'étaient peut-être pas complétement rassurés sur l'avenir. Quant au présent, ils avaient lieu de s'en plaindre, mais ils n'en avaient pas le temps ; Sabin les étourdissait. Cependant, quoiqu'ils fussent peu aptes à réfléchir, il leur était déjà venu à l'esprit que le père Antoine n'approuverait pas qu'on fît société avec ce garçon qui avait, à l'endroit du travail, une manière de voir si originale, et ne professait qu'un respect excessivement médiocre pour le bien d'autrui.

Balthasar, vu son âge sans doute, avait le jugement plus sûr et plus formé, et jusqu'alors il s'était tenu à distance de Sabin; malheureusement le pauvre caniche adorait les paillettes et le clinquant, — on n'est pas parfait! — et à peine eut-il aperçu le jeune saltimbanque dans son costume de théâtre qu'il lui fit toutes sortes d'amitiés. Pauvre Balthasar! cette faiblesse devait lui coûter cher!...

Le lendemain, faute d'argent, il fallut se passer de déjeuner. Mes amis, pour tuer le temps, se mirent à errer dans les environs d'Essonne. Le hasard les conduisit du côté de Chantemerle, où sont réunies un grand nombre d'usines appropriées aux productions les plus diverses; telles que fabriques de tissus de fil et de coton, impressions sur étoffe, laminoirs, fonderies, etc., etc. Ils se rencontrèrent avec des enfants qui jouaient sur la route et s'arrêtèrent pour les regarder. Lorsque la partie fut achevée, un de ces enfants s'approcha d'eux.

« Qu'est-ce que vous faites, vous? leur demanda-t-il.

— Rien.... pour le moment.

— Alors, vous cherchez votre pain?

— Oh! non....

— Ne mentez pas; ça se voit, vous mendiez.

— Pour ça non, dit César, nous ne mendions pas et nous ne voulons pas mendier.

— Vous avez donc des rentes?

— Non.

— Non? Eh bien, comment vivez-vous donc?

— Nous cherchons de l'ouvrage.

— Est-ce bien vrai, ça ?

— Mais oui, c'est bien vrai.

— Alors vous voulez travailler?

— Sans doute.

— Sans doute? Vous ne dites pas cela avec beaucoup d'ardeur.... C'est égal, on entre à la fabrique, venez voir un peu. Je gagne soixante-quinze centimes par jour pour six heures de travail, moi qui n'ai pas encore dix ans. Le reste du temps, j'apprends à lire et je joue dans un vaste préau que je vais vous montrer. Nous sommes comme cela plus de cinquante occupés à transporter des bobines d'un endroit dans un autre. Ce n'est pas difficile; vous pouvez en faire autant presque sans apprentissage. Si cela vous convient, vous verrez le contre-maître; il vous casera tout de suite, car on a besoin d'enfants. Attention ! et suivez-moi. Pour qu'on vous laisse entrer, je vais dire que vous êtes mon cousin et ma cousine de Petit-Bourg.... Seulement, pas de bêtises; on ne touche à rien ici. »

Mes amis suivirent le jeune ouvrier. L'aspect de ces vastes bâtiments, de ces hautes cheminées, de tout ce monde, le bruit des machines en mouvement, l'ordre qui régnait au milieu d'une activité étourdissante, l'immensité des salles, le nombre incalculable des métiers leur fit d'abord perdre la tête ; ils ne voyaient rien à force de regarder.

« C'est ici qu'on file le lin et le chanvre, leur disait leur cicérone, là qu'on les tisse, plus loin on fait de la toile ouvrée. Dans ce grand bâtiment, où nous nous rendons en ce moment, on fabrique des tissus de coton, à côté on les imprime. »

Lorsque le jeune ouvrier les fit entrer dans la salle où il travaillait, ils éprouvèrent une sorte de déception. La vue de ces enfants, mal vêtus pour la plupart, qui se livraient à un travail sérieux et gagnaient consciencieusement leurs soixante-quinze centimes, ne leur dit rien à l'imagination ; l'idée d'être domestiques dans des maisons où il n'y a rien à faire les flattait bien davantage.

« Moi, dit Aimée, je trouve que ça sent mauvais ici !

— Si tu y tiens, fit en riant le jeune ouvrier, on parfumera la salle avec de l'essence de rose. »

Le mot de mijaurée fut prononcé par quelques gamins.

Mes amis, sur la proposition de leur introducteur, s'arrêtèrent près d'un métier pour voir comment se faisait la toile ; mais cela ne les intéressa point. Ils n'y comprenaient rien.

« Retire-toi donc, retire-toi donc, Aimée, cria tout à coup César. Il y a de l'huile après toutes ces mécaniques, et tu en mets à ton tablier. »

Tous les jeunes garçons qui se trouvaient dans la salle se retournèrent. On commença à regarder mes pauvres amis de travers.

« Allons-nous-en, César, dit enfin Aimée; il y a trop de poussière ici, nous n'y saurions durer. Décidément j'aime mieux que nous soyons domestiques dans des maisons où il n'y ait rien à faire.

— Fallait donc le dire tout de suite! s'écria le jeune ouvrier en colère. Vous voulez être *larbins*, vous autres?... Alors qu'on détale, et plus vite que ça! »

A ce mot de larbin, un haro s'éleva dans la salle.

« T'as d'ça dans ta famille, toi? s'écriait-on.

— Non pas. S'ils étaient de ma famille je les renierais; mais ils n'en sont point, Dieu merci! Ils étaient sur la route et se disaient sans ouvrage. Je leur ai proposé d'entrer ici, ils ont accepté. Pour qu'on ne leur fît pas de difficultés, je les ai fait passer pour mes parents de *Petit-Bourg*. Voilà tout! »

Les pauvres enfants ne savaient comment échapper aux moqueries de ces gamins qu'ils avaient offensés sans le vouloir.

« Vous n'avez donc pas de sang dans les veines ? disait l'un.

— Ni de moelle dans les os ? ajoutait l'autre.

— *Madame* craint de gâter ses habits !

— Monsieur veut porter perruque !

— Je comprends ça, moi.

— Ça tient chaud l'hiver ?

— D'abord. Et puis ça vous pose !... quand on a de l'ambition. »

Un contre-maître dut protéger la sortie de mes pauvres amis, qui étaient tout à fait incapables de se défendre et ne comprenaient rien à l'avanie qu'on leur faisait subir.

Ils rentrèrent tristement à l'auberge où Sabin faisait répéter Balthasar. Sabin avait découvert que Balthasar était un artiste comme lui, et il voulait connaître tout son savoir-faire pour en tirer parti dans l'intérêt de la communauté. Le caniche voyant ses maîtres affligés, quitta tout pour les caresser.

« Bon ! qu'y a-t-il ? » demanda Sabin.

Ils racontèrent leur mésaventure.

« Laissez-les dire, fit le jeune saltimbanque, avec ça qu'ils sont jolis et qu'ils ont bonne mine !... Vous faire ouvriers de manufacture, comme ce serait spirituel !... Qu'ils viennent tout à l'heure sur la place, et je leur montrerai, moi, la bonne manière de gagner sa vie. »

A midi et quelques minutes, le fils de l'illustre

Lucifer, ou de M. Dussanlt, selon l'occasion, jouant du fifre, se promena comme la veille, suivi de César, qui portait toujours le précieux sac, d'Aimée, de Balthasar, et de tous les vagabonds de la localité. C'était justement l'heure du repas pour les fabricants qui étaient tous sortis, excepté les enfants qu'on obligeait à jouer dans le préau. En moins de cinq minutes, une foule compacte entoura nos aventuriers. Sabin répéta le même boniment et les mêmes exercices que la veille; puis Balthasar à son tour paya de sa personne.

La recette fut magnifique! Sabin, de retour à l'auberge, commanda un déjeuner copieux. Nos amis, qui avaient grand'faim, mangèrent encore sans retenue; et le soir, comme il n'y avait déjà plus d'argent, on coucha dans une étable entre deux vaches et un âne.

C'est ainsi qu'ils vécurent pendant une semaine. On s'arrêtait tantôt dans une ville, tantôt dans un village, pour y donner des représentations plus ou moins lucratives, et toujours on cassait le pot après avoir mangé le beurre, comme disent les bonnes gens de la campagne en parlant des imprévoyants qui dépensent l'argent à mesure qu'ils le gagnent.

César et Aimée s'accoutumaient assez bien à ce genre de vie. De temps à autre, cependant, il leur passait comme un nuage dans l'esprit; c'était le souvenir de ce qu'avait dit le père Antoine.... mais le père Antoine était si loin !... Vous le dirai-je, mes petits lecteurs? César maintenant dormait d'un sommeil profond et ne rêvait plus des choses qui occupaient si fortement son jeune esprit dans ses jours de misère ; la campagne, cette belle campagne que le bon Dieu lui faisait voir, ou revoir en dormant pour le consoler, ne l'intéressait plus, il n'y pensait jamais. Comme Sabin, il considérait maintenant toute chose au point de vue de la recette et disait avec son ami :

« Ici, il n'y a que des paysans ; pas de chance ! »
Ou bien :

« Voici une ville, bonne aubaine! »

Puis on bâtissait des châteaux en Espagne pour les temps fortunés où l'on serait domestique dans une maison où il n'y aurait rien à faire. D'un autre côté, on ne craignait plus les gendarmes ; le papier de leur compagnon mettait nos vagabonds en sûreté. Ils se protégeaient les uns les autres....

Et les jours se passaient !...

Quant à Balthasar, ces détails lui importaient peu. Il marchait toujours en avant, prenant le chemin qui lui plaisait, quitte à revenir sur ses pas lorsque Sabin voulait aller d'un autre côté; ce qui n'avait lieu que rarement, car le chemin du saltimbanque paraissait être celui du caniche. Pourtant il arrivait bien quelquefois qu'on était obligé, pour se procurer de l'argent, de se détourner à droite ou à gauche ; Balthasar, malgré une opposition sérieuse, qui se manifestait comme toujours par des fuites plus ou moins prolongées, finissait infailliblement par céder. Sabin avait appris à mes amis que ce n'était là qu'une feinte de la part du caniche, et leur avait démontré qu'il n'y avait pas lieu de s'en préoccuper. L'expérience lui avait donné raison. C'est ainsi qu'on perdit une semaine à Corbeil, à Melun et à Milly ; mais nos aventuriers n'étaient pas gens pressés. La vie leur apparaissait si longue, si longue ! et ils voyaient devant eux un si grand nombre d'années, qu'ils pensaient bien avoir le droit de gaspiller un peu le temps présent. Et, d'ailleurs, pourquoi se seraient-ils pressés ou inquiétés, puisque Sabin devait les placer chez son ami intime, le prince de Rochemoussue ?... Leur sort n'était-il pas fixé ?

CHAPITRE XI.

Au château de Rochemoussue.

C'était vers les quatre heures de l'après-midi, on avait dépassé le village de Chailly depuis quelques minutes lorsque apparut dans le lointain la masse grandiose des bois de Rochemoussue. Sabin, qui connaissait le pays, abandonna la grande route pour s'engager dans un joli chemin, propre et uni comme un parquet. On était déjà sur le domaine de Rochemoussue. On marcha comme cela un quart d'heure environ. César était troublé; il lui semblait connaître mais vaguement, ces vastes prairies où paissaient en liberté les petites vaches bretonnes du prince. L'aspect général de la campagne était sévère; aussi loin que la vue pouvait s'étendre, l'horizon était boisé.

« Reconnais-tu donc tout cela, César? demanda Aimée.

— Je ne sais pas, » répondit le jeune garçon.

Et ils continuèrent d'avancer.

Enfin au delà d'une magnifique pelouse d'un vert tendre, entre deux massifs de haute futaie, se découvrit le château de Rochemoussue.

« Les prairies et les bois, dit César à Aimée, je croyais les reconnaître; mais ce château, je ne l'ai jamais vu. »

On n'était encore que dans la première quinzaine de mai, seulement le printemps était si beau cette année-là qu'on eût dit que le climat de l'Italie était devenu celui de la France.

« Voilà, dit Sabin à mes amis en leur montrant le château (une imposante construction édifiée dans le style du dix-septième siècle), voilà où désormais vous passerez votre vie dans la paix et l'abondance! »

On côtoyait de magnifiques potagers et des jardins qui n'étaient séparés de la route que par un large fossé. Nos aventuriers pouvaient tout à l'aise admirer les serres monumentales, toutes grandes ouvertes au soleil de mai, et exposant aux regards des promeneurs, les nuances vives, tendres ou riches de ces rhododendrons célèbres, de ces azalées merveilleuses qui tous les ans remportaient le prix au concours d'horticulture. Ils pouvaient encore admirer la savante disposition des serres-chaudes où étaient cultivées des primeurs devenues des types dans le monde horticole, puis une melonnière unique au monde pour la saveur et la variété de ses espèces. Mais ce qui ravissait surtout mes amis, dont les goûts étaient encore simples, c'était trois petits chalets, à toiture de chaume et aux murs recouverts de lierre, disséminés dans les jardins et sans doute destinés à loger les jardiniers.

« Que je voudrais demeurer là! disait Aimée.

— Peuh! faisait Sabin avec ce dédain des petites choses qui lui était particulier, c'est malsain au possible.... sans compter les autres désagréments. Les lézards y font leur nid, c'est infesté de souris et les rats s'y promènent comme des gens qui sont chez eux.

— Du moment que les rats s'y promènent... C'est égal, je voudrais bien avoir une petite maison comme cela. »

Sabin entra chez le concierge du château, et demanda M. Prosper, un valet de pied attaché au service de M. Maxime de Rochemoussue, le plus jeune fils du prince, un enfant qui n'avait encore que cinq ans et demi.

Nos amis avaient cru que Sabin s'adresserait au prince lui-même. Ils furent quelque peu déçus, mais ils se consolèrent promptement en voyant ar river M. Prosper qui était un fort beau garçon et représentait énormément avec son habit bleu de roi, sa culotte courte, ses superbes mollets et ses souliers à boucles.

Sabin, qui avait connu M. Prosper au temps où le jeune domestique n'était encore qu'un petit paysan du Berry, lui dit quelques mots à voix basse. Le valet de chambre s'absenta, mais revint presque aussitôt.

« Vous pouvez demeurer ici jusqu'à demain, » leur dit-il.

Alors tous trois entrèrent suivis de Balthasar que tant de grandeur n'embarrassait point.

Il était cinq heures; la nouvelle que des saltimbanques étaient au château pénétra jusqu'au salon, et bientôt on vint chercher nos aventuriers de la part du prince et de la princesse, qui voulaient, puisque l'occasion s'en présentait, donner le spectacle à leurs enfants.

Sabin suivit M. Prosper avec l'aplomb d'un mérite qui ne s'ignore pas; ce que voyant César et Aimée, ils suivirent Sabin, et Balthasar suivit tout le monde.

Le prince et la princesse, entourés de leurs enfants, étaient au jardin sous un immense platane qui les protégeait de son ombre, sans leur dérober la vue splendide de la vallée de la Seine qui se déroulait devant eux.

Le prince et la princesse, entourés de leurs enfants, étaient au jardin. (Page 182.)

Sabin avait tant parlé du prince et de la princesse de Rochemoussue, il les avait tant exaltés que mes amis s'attendaient à voir des personnages de taille surhumaine, ou, tout au moins, autrement faits que les autres mortels, et ils ne laissaient pas que d'être troublés. Mais ils ne tardèrent point à se rassurer; le prince et la princesse ressemblaient à tout le monde, et avaient été taillés sur le patron banal qu'ont fourni au genre humain tout entier Adam et Ève nos premiers parents. Ils paraissaient peut-être meilleurs ou plus intelligents que bien d'autres; mais cela tenait évidemment aux qualités intérieures et toutes morales dont ils étaient doués, et à l'éducation qu'ils avaient reçue.

La princesse était une gracieuse petite femme à la physionomie douce et fine. Elle était jolie, mais elle avait dû l'être encore davantage, autrefois, dans le temps, lorsqu'elle était toute jeune; seulement, comme mes amis ne l'avaient pas connue dans ce temps-là, ils la trouvaient charmante. Ils n'avaient jamais rien vu, du reste, de gracieux et d'encourageant comme son sourire, ni rien entendu d'émouvant comme le son de sa voix; elle avait l'air de parler du cœur, et son regard, si tendre et si pénétrant, semblait dire aux pauvres gens : « Rassurez-vous, ayez confiance; je vous comprends, moi, et je sais ce qu'il vous faut! » Elle était vraiment l'incarnation de la bonté et de la charité.

Certes, il y avait loin de cette douce princesse, qui savait si bien se mettre à la portée de tous, des riches comme des pauvres, à ces altières, hautaines et impertinentes créatures qu'on a si longtemps représentées comme les types les plus achevés de la noblesse. Mais à votre sens, mes petits lecteurs, ne valait-elle pas mieux ?

Le prince était un homme de cinquante-cinq ans, environ, mais qui n'en paraissait pas beaucoup plus de quarante-cinq ; il avait la tournure et la physionomie d'un militaire, quoiqu'il n'eût jamais fait partie de l'armée. Mais sous des dehors brusques, il cachait un cœur droit et juste, et sa parole, bien que brève, n'était jamais ni dure ni blessante. Il semblait, au contraire, que sa brusquerie n'eût d'autre objet que de dissimuler ses bonnes actions. Ainsi, par exemple, lorsqu'on lui rapportait que de pauvres gens allaient être expropriés faute d'argent pour payer le loyer d'une misérable chaumière, il ordonnait à son intendant de payer pour eux du même ton dont il eût ordonné de les fusiller. Si un obligé dans sa reconnaissance venait le trouver pour le remercier et protester de son dévouement, il lui disait: « Qu'on ne m'ennuie plus de ces choses-là. »

C'était un travers sans doute, mais un tout petit

travers.... Et quand on pense combien il serait aisé aux princes d'avoir de gros défauts, on est bien près de leur souhaiter beaucoup de travers comme celui-là.

Dès qu'il eut appris l'arrivée au château de nos trois aventuriers, le prince avait dit, toujours sur le même ton : « Qu'on me les amène de suite ! » et tout naturellement on s'était empressé d'obéir.

Nous devons, pour être juste, avouer qu'il imposait énormément à nos amis. Tout dans sa personne, sa grosse et rude moustache, ses favoris épais, ses cheveux taillés en brosse et la mobilité de son œil vif et clair les embarrassait outre mesure. Aussi pendant que Sabin, excité par le haut rang de ses spectateurs, se livrait aux inspirations de son génie, reportaient-ils de préférence sur la princesse leur regard timide et curieux.

M. et Mme de Rochemoussue, comme nous l'avons dit, étaient entourés de leurs enfants : un grand et beau garçon de dix-huit ans qu'on appelait Ludovic, une charmante fille de seize ans nommée Luce, une autre de dix, appelée Marthe, et le petit Maxime qui n'avait encore, comme vous savez, que cinq ans et demi.

Tous les quatre prirent un plaisir très-vif au spectacle improvisé que leur donnaient Sabin et Balthasar, qui, lui aussi, se surpassa. Le brave caniche fut bien récompensé par ces beaux enfants du plaisir qu'il leur avait procuré, car ils le comblèrent de caresses et de bonbons, et ne dédaignèrent point de passer leurs mains fines et blanches dans sa toison peu soignée. Jamais Balthasar ne s'était trouvé à pareille fête, et il se montrait fort sensible à l'honneur qu'on lui faisait. Cependant il sut y répondre fort dignement et il n'eut point, tant s'en faut, la mine plate et impudente que prit Sabin pour recevoir les vingt-cinq francs dont le prince crut devoir payer leur savoir-faire et leur habileté.

Vingt-cinq francs! c'était une somme fabuleuse dans le ménage des trois aventuriers. Sabin était comme fou de joie, et mes amis pensaient que leur fortune était faite. Tous trois, sur la recommandation de la princesse, se rendirent à l'office où le maître d'hôtel leur donna quelques friandises afin qu'ils pussent, sans trop souffrir de la faim, attendre le dîner, qui n'avait lieu qu'à huit heures pour les domestiques.

Après une collation comme ils ne soupçonnaient même pas qu'on en pût faire, ils montèrent, toujours accompagnés de M. Prosper, à leurs chambres respectives, situées sous les combles du château. Là, César et Aimée trouvèrent chacun un costume complet qui leur était donné par la princesse. Tout y était depuis les souliers jusqu'au bonnet. Ils s'empressèrent, sur l'invitation de

M. Prosper, de quitter leurs vieux habits et de mettre les neufs; puis ils redescendirent à l'office où tous deux firent assez bonne figure, l'un avec sa blouse de retors coquettement serrée sur les hanches par une large ceinture de cuir, l'autre avec sa robe et son tablier de cotonnade, ses souliers lacés, son châle noué en sautoir et son petit bonnet de soie noire, derrière le bavolet duquel ses cheveux bien peignés et bien brossés frisaient en queue de canard. Sabin les examinait de la tête aux pieds, et, les prenant par la main, les faisait tourner à droite, tourner à gauche, et affectait de ne les point reconnaître. Cela les amusait, et ils riaient de bon cœur.

Ils pensaient bien, du reste, que si la princesse leur avait donné tant de belles choses, c'était parce que Sabin lui avait dit ou fait dire un mot en leur faveur. Mais c'est égal, ils avaient remarqué qu'il était moins lié avec le prince qu'il n'avait toujours prétendu.

Après dîner, le prince, la princesse et leurs enfants, accompagnés des précepteurs et des institutrices, montèrent dans de belles voitures pour se rendre chez un autre prince du voisinage, où l'on devait danser et jouer des charades une partie de la nuit. Ce fut alors au tour des domestiques de se mettre à table. Ils étaient là plus de vingt!... C'était jour de gala; on profitait de l'absence du prince pour fêter tranquillement à ses dépens l'anniversaire de l'un d'entre eux. On avait dressé un couvert splendide : les fleurs, l'argenterie et les cristaux étincelaient sur la table au feu d'une profusion de bougies. Le maître-d'hôtel d'un côté, et la femme de charge de l'autre, occupaient les places d'honneur; les autres convives venaient à la suite, chacun selon son âge ou le rang qu'il croyait tenir dans la maison. Aux deux extrémités étaient placés Sabin et le dernier des marmitons, puis César et Aimée.

Les hommes avaient quitté la livrée pour prendre l'habit noir, et les dames étaient en robes de soie. Cela présentait vraiment un joli coup d'œil. Par exemple, les vins manquaient, non par la quantité mais par la variété, et les convives, chose désolante, n'avaient pas plus de trois verres devant leur assiette. Pourtant la cave du prince était célèbre, mais le sommelier, un ancien militaire, un homme sans *éducation*, un rustre enfin, ne faisait point partie de la domesticité. Il était incorruptible et n'entendait point raillerie sur la question de probité. Il avait donc fallu se contenter du bourgogne ordinaire et du madère de cuisine. Quelques bouteilles de champagne, adroitement dérobées dans la bagarre d'une grande soirée, complétèrent le festin. C'était peu!... mais tant de gens sont encore obligés de se contenter à moins!...

Il fallait entendre tout ce monde singeant maladroitement ses maîtres ; les femmes minaudant, et les hommes jouant aux gentlemen !

On disait princesse à la femme de chambre de Mme de Rochemoussue, et prince au valet de chambre de monsieur ! Comme le jeune Ludovic portait le titre de comte de Montgeron, son domestique se faisait appeler Montgeron tout court. « Mon cher Montgeron, lui disait-on, goûtez donc de ces conserves d'ananas. » Deux invités, qui servaient dans un château voisin, avaient pris le titre de marquis et marquise du Breuil. « Marquise, disaient les dames, vos yeux sont ravissants ; vous êtes ce soir tout à fait en beauté ! »

Mais au dessert, grâce au cliquot du prince, le naturel reparut, les langues s'aiguisèrent, et nos amis apprirent en moins d'une demi-heure les secrets les plus intimes de la famille de Rochemoussue. On raconta avec beaucoup de malice et de sous-entendus, comme pour donner à penser que ce n'était pas tout, que le prince avait trois fausses dents, que la princesse portait de faux cheveux, que M. Ludovic était myope, que Mlle Luce avait une jambe de travers, que Mlle Marthe serait bossue et que le petit Maxime deviendrait épileptique. On sut aussi que M. le marquis de Breuil était un sot, un bellâtre qui se teignait les moustaches et les favoris, et la marquise une fine mouche qui le faisait tourner comme le vent un coq de clocher.

Puis on s'égaya aux dépens de la principauté de Rochemoussue, principauté de fraîche date, achetée à Rome par le père du prince actuel, un financier peu scrupuleux, qui était censé l'avoir obtenue en reconnaissance de services rendus au gouvernement pontifical; et on affirma que la princesse n'avait point tant sujet de faire la sucrée, puisque son grand-père avait tout bonnement gagné son immense fortune en faisant fabriquer des tissus à Mulhouse.

Nous devons ajouter que le prince, la princesse et toutes les personnes de leur monde le plus intime étaient désignés par des surnoms : l'un, qui était fort et trapu, était appelé le taureau; l'autre, qui avait les jambes trop longues, le lévrier. Mais, plus généralement, les noms étaient pris dans la mythologie : il y avait Jupiter, Mars, Bacchus, puis Junon, Diane, Vénus, Proserpine, etc., etc.

A dix heures, on décida qu'il serait tout à fait charmant de finir la soirée par un bal et un peu de musique. Prosper jouait délicieusement du violon. Annette chantait agréablement, et Jean touchait passablement du piano. On monta au salon qui servait de salle d'étude aux enfants. M. Jean se mit au piano et Mlle Annette charma d'abord la société par deux ou trois innocentes chansonnettes,

Elle chanta avec un brio renversant. (Page 195.)

puis elle aborda la grande musique et chanta avec un brio renversant un morceau du *Prophète*, que Mlle Luce apprenait depuis quelque temps et dont elle n'était pas encore parvenue à vaincre toutes les difficultés. M. Prosper, un ténor élégant et joli garçon comme tous les ténors, après s'être un peu fait prier, consentit à chanter, en s'accompagnant avec son violon, cet air fameux et difficile : *O Richard, ô mon roi!...* que M. Ludovic répétait sans trop de succès depuis plus de six mois.... C'était tout bonnement divin!

On s'arracha à ces délices pour se livrer au plaisir de la danse. Les dames, ayant jugé à propos de changer de toilette, avaient emprunté à la garde-robe de leurs maîtresses des robes de tulle de la plus grande fraîcheur et sortant des ateliers d'une faiseuse célèbre. C'était simple, mais de bon goût. Avec cela, une fleur, un ruban, un rien dans les cheveux, et l'on n'avait pas la tournure de tout le monde!

César et Aimée, relégués dans un coin sur un canapé pendant que Sabin, faisant sa partie dans l'orchestre, jouait du fifre avec une ardeur de possédé, admiraient toutes ces merveilles et pensaient de bonne foi, tant leurs idées étaient confuses et embrouillées, que dans les maisons où il n'y a rien à faire ce sont les domestiques qui sont les maîtres.

Enfin cette société de singes se sépara et mes amis furent reconduits à leurs chambres, de jolies chambres meublées chacune d'un lit de fer, de deux chaises, d'un lavabo et d'un miroir. C'était du luxe, mais hélas! c'était aussi la première fois que les pauvres enfants couchaient dans des chambres différentes! et eux qui dormaient si bien sur la paille pourvu qu'ils y fussent côte à côte, purent à peine fermer l'œil sur ces matelas confortables et dans ces draps blancs et parfumés à l'iris. Il faut bien le dire, du reste, ils avaient encore la tête pleine du bal et de la musique; puis ils avaient bu du punch et cela les agitait. Sabin, plus habitué à supporter les plaisirs du monde, était monté à sa chambre gris comme deux Polonais, et cependant on l'entendait ronfler à travers la cloison.

CHAPITRE XII.

Mes amis font une rencontre aussi heureuse qu'inattendue.

En mai, le soleil se lève de grand matin; il était cinq heures à peine et déjà il faisait grand jour. César et Aimée, ne parvenant pas à goûter un sommeil paisible, résolurent de s'habiller, puis de faire en compagnie de Balthasar une promenade dans ce beau parc dont on découvrait une partie de leurs fenêtres. Ils pensaient qu'il n'y avait pas de mal à prendre, pour ainsi dire, possession de ces lieux privilégiés où ils comptaient bien passer leur vie désormais.... Certes, ils étaient ravis de courir dans ces allées si soigneusement entretenues qu'il eût fallu avoir recours à une loupe pour y découvrir un brin d'herbe, de s'enfoncer sous ces futaies si hautes et si épaisses que le jour y pénétrait à peine, d'admirer les magnifiques saules pleureurs qui baignaient, avec une grâce remplie de tristesse et de nonchalance, l'extrémité de leurs branches dans l'eau transparente des lacs. Oui, ils trouvèrent bon de se reposer sur le gazon à l'ombre des marronniers d'Inde ou des gigantesques platanes.... Mais on s'habitue si vite aux grandeurs!... Ils avaient parcouru dans tous les sens cet admirable domaine, auprès duquel le paradis terrestre n'eût semblé qu'un marécage inculte, et joué dans des allées bordées de rosiers trois fois hauts comme leurs petites personnes, d'ébéniers dont les grappes leur retombaient sur la tête et de toutes sortes d'arbustes aux fleurs éclatantes et parfumées.

Eh bien! mes petits-lecteurs, vous me croirez si vous voulez, en moins de trois heures, ils s'étaient familiarisés avec toutes ces merveilles, qui déjà ne leur semblaient point de trop pour eux, et ils pensaient bien qu'ils pourraient en jouir largement lorsque César serait groom dans cette maison, où, comme ils avaient pu s'en assurer la veille, il n'y avait rien à faire qu'à s'amuser. Quant à Balthasar, toutes ces choses lui étaient indifférentes, et à tous moments il témoignait son impatience par des allées et des venues, des aboiements et des caresses auxquels César et Aimée ne comprenaient rien. Enfin on se trouva en présence d'une grille ouverte et il put sortir; force fut bien à mes amis de le suivre. Il courait, il courait, sans se soucier de la fatigue qu'il imposait aux jambes de ses maîtres, et en moins d'un quart d'heure on se trouva sur la route de Rochemoussue à Fontainebleau. De loin César et Aimée voyaient que le caniche caressait un homme, et cela les intriguait prodigieusement, car Balthasar n'était point d'un naturel familier. Ils hâtèrent le pas. Mais jugez, mes petits lecteurs, quelle fut leur surprise lorsqu'ils reconnurent le père Antoine !... le père Antoine? Comment cela se faisait-il? Lui qui devait être dans son pays, pourquoi nos amis le rencontraient-ils comme cela, à l'improviste, sur la route de Rochemoussue? Leur imagination était aux champs. Bien souvent le sort se plaît à nous jouer de ces surprises qui ressemblent à des coups de théâtre et nous déconcertent tant elles sont inattendues. On se demande comment cela s'est fait et on n'est pas loin de supposer que des créatures d'un autre ordre, des génies, des esprits, se mêlent à notre insu de notre destinée et gouvernent nos affaires, les emmêlant et les débrouillant à leur fantaisie, sans prendre seulement la peine de nous demander si cela nous plaît. Il ne s'en faut alors de presque rien qu'on prenne pour des êtres réels les créatures charmantes qui peuplent les contes de fées. Mais César et Aimée, qui ne savaient point lire, ne connaissaient point de féeries.... C'est égal! je ne suis pas très-éloigné de croire que s'ils avaient été en état de supposer que des fées et des génies pussent se mêler de leurs affaires, ils auraient, en cette circonstance, trouvé leur intervention rien moins qu'agréable.

« Ah çà, dit le père Antoine, qui vous a amenés par ici, et que diable y faites-vous ? »

Ils racontèrent leur histoire et dirent consciencieusement, parce qu'ils ne savaient point mentir, ce qui leur était arrivé depuis trois semaines. Mais à partir du moment où ils avaient rencontré Sabin, le brave homme ne cessa de hocher la tête à tout ce qu'ils disaient. On voyait bien que cette odyssée n'était point de son goût.

« Et maintenant qu'allez-vous devenir ? demanda le brave homme.

— Sabin va nous faire placer domestiques au château de Rochemoussue. C'est une grande maison, et où il n'y a rien à faire, dit naïvement Aimée.

— Domestiques, fit le bonhomme en hochant toujours la tête... soit!... si cela vous convient; servir ses semblables est un métier aussi honorable qu'un autre.... lorsqu'il est exercé honorablement. Ne sommes-nous pas tous, d'ailleurs, les serviteurs les uns des autres en ce bas monde ? Faire rôtir des marrons pour le public ou pour un particulier, n'est-ce pas toujours faire rôtir des marrons ? L'es-

Ils reconnurent le père Antoine. (Page 199.)

sentiel est que les marrons soient rôtis à point.... Moi, il me semble que si je m'étais mis en condition, j'aurais pu faire un brave et honnête serviteur. Après cela peut-être que je m'abuse.... et que c'est plus difficile que je ne pense. Mais l'idée ne m'en serait jamais venue.... Ce n'est pas que je sois plus fier qu'un autre, oh! non!... Seulement je n'y ai point pensé.... Sois donc domestique puisque ça te plaît, mon garçon. Mais entendons-nous; sois-le dans une maison où il y ait de l'ouvrage, et non où il n'y ait rien à faire. Il faut avoir du cœur, mon bonhomme, et gagner le pain qui te fera vivre. Quoi donc! est-ce que le travail te ferait peur?... On me dira que ceux qu'on paie pour ne rien faire gagnent leur argent en ne faisant rien. Cela les regarde.... et aussi les bourgeois qui les prennent à leur service. Mais, c'est égal, vois-tu, parader derrière un carrosse ou fainéanter toute la journée dans une antichambre en disant du mal de ses maîtres, ça ne peut pas être un bon état. Tiens, César, veux-tu te mettre en condition et en même temps devenir un homme, apprends l'état de jardinier. Si ton ami Sabin a quelque influence dans la maison, qu'il t'y fasse entrer comme aide jardinier. Pour commencer tu ne gagneras que ta nourriture, mais bientôt on te donnera des appointements, et un jour tu pourras occuper une place de maître jardinier. Mais pour cela il faut être intelligent et travailleur.... Tâte-toi. Allons, te sens-tu capable de cela?... Domestique dans une maison où il n'y a rien à faire. N'est-ce pas une honte d'avoir songé à prendre un pareil métier!... Allons, va retrouver Sabin et ramène-le ici ; je veux causer avec ce garçon-là et voir un peu ce qu'il est. »

César et Aimée retournèrent au château et gravirent assez piteusement les trois étages qui conduisaient à leurs mansardes. Celle de Sabin était vide!... Ils cherchèrent partout le fameux sac ; point de sac!... tout avait disparu. Ils descendirent à l'office, et demandèrent des nouvelles de leur camarade; on ne l'avait point vu. Le cœur serré par un pressentiment pénible, ils revinrent près d'Antoine qui les attendait sur la route.

« Et Sabin? demanda le brave homme.

— On ne sait ce qu'il est devenu.

— Ah! on ne sait ce qu'il est devenu! Eh bien, je vais vous le dire, moi, ce qu'il est devenu. Il est parti avec les vingt-cinq francs dont la moitié vous appartenait à cause de Balthasar, et, d'après le portrait que vous m'en faites, ce doit être l'espèce de vaurien qui est passé près de moi il n'y a pas plus d'une heure et demie, comme j'étais assis sur la route.... Vous voilà bien! maintenant, vos places s'en vont à vau-l'eau!... Ce n'est, ma foi, pas malheureux ; il vous fallait une bonne leçon, vous en aviez besoin vraiment.... Je me demande comment vous avez pu croire qu'un semblable garnement avait du crédit auprès d'un homme comme le prince de Rochemoussue, et comment vous n'avez pas vu tout de suite qu'il n'était qu'un mauvais sujet et un voleur?... Il était temps qu'il vous quittât, car vous alliez devenir deux petits fainéants comme lui.... Ah çà, qu'est-ce qui vous fait pleurer?

— Nous n'avons plus d'argent !

— Voilà-t-il pas une belle affaire ! On dirait vraiment que c'est la première fois que cela vous arrive !

— Les gendarmes vont nous arrêter et nous reconduire chez Joseph.

— Écoutez, ça dépend de vous ; si vous voulez travailler, suivez-moi et vous n'entendrez jamais parler de Joseph. Sinon, je vous abandonne, et, ma foi ! je ne sais pas ce qu'il adviendra de vous. Allons, choisissez....

— Nous voulons travailler, s'empressèrent de dire les deux enfants.

— Alors partons. Seulement ne marchez pas trop vite parce que je viens de faire une maladie ; et mes jambes ne sont pas encore bien solides. »

Les pauvres enfants s'empressèrent auprès d'Antoine, et lui demandèrent ce qu'il avait eu.

« Oh! presque rien, répondit le brave homme; un refroidissement, une fluxion de poitrine, je ne sais pas au juste comment le médecin appelle ça. J'avais fait un détour pour voir un ami à moi qui demeure près d'ici. Je ne m'étais jusqu'alors ressenti de rien; mais chez lui je me sens pris tout à coup de frissons, de fièvre.... et j'y suis resté près de trois semaines; à présent ça va mieux, je me rendais tout doucement à la gare lorsque vous m'avez rencontré; car maintenant il faut que je prenne le chemin de fer, je ne suis pas assez fort pour retourner à pied au pays.... Bast! il ne faut plus parler de cela; le bon Dieu qui sait bien mieux que nous comment il faut conduire nos affaires, voulait sans doute que je me trouvasse par ici en même temps que vous autres pour venir à votre secours et vous aider à sortir d'un mauvais chemin.... »

Après une heure de marche on était en pleine forêt, César était devenu songeur, et Balthasar humait l'air en poussant de petits cris de joie, puis il s'en allait flairer les arbres et se roulait dans l'herbe avec une sorte de frénésie.

« Est-ce que ça te déplaît de venir avec moi, César? demanda le père Antoine.

— Oh non, répondit l'enfant.

— N'aimerais-tu point la forêt? craindrais-tu d'y avoir peur?

— Peur!... Non, pour ça, je n'y ai point peur; il me semble, au contraire, que j'y ai vécu et que je la connais.

— A la bonne heure! »

CHAPITRE XIII.

Mes amis chez le père Jean.

On atteignit un endroit où le taillis avait été coupé l'année précédente. Le bois de corde et le corps des gros arbres étaient enlevés, mais il restait encore des bourrées empilées sur la lisière des chemins d'exploitation, et de gros tas de bois à charbon qu'on apercevait au milieu des jeunes pousses. Il était bientôt midi, l'air était lourd, le soleil brûlant et la chaleur devenait accablante dans ces sables dépourvus d'ombrage. Aimée ne pouvait plus avancer.

« Nous y voilà, lui disait le père Antoine. Allons, encore un effort ! »

Et il montrait aux enfants une épaisse fumée qui s'échappait d'une clairière à cinquante pas de là.

Enfin on arriva et nos amis se trouvèrent en présence d'un homme qui, assis sur le gazon, mangeait tranquillement son pain en regardant brûler le fourneau qu'il venait d'allumer. Au premier abord les enfants pensèrent que c'était un nègre.

« C'est mon ami Jean, leur dit le père Antoine, un compatriote à moi qui est venu s'établir charbonnier par ici. »

Jean détourna la tête et reconnut son ami.

« C'est encore moi, dit celui-ci.

— Il n'y a pas de reproche, fit Jean en lui tendant sa main noire.

— Je le sais !

— Ça ne va pas?

— Pas bien fort.... Mais ce n'est pas là ce qui me ramène; je viens te demander un service?

— Parle?

— Voici deux petits.... c'est malheureux comme les pierres.... la misère quoi!... Mais c'est bon; je les connais depuis longtemps, j'en réponds. Ils étaient exploités par un misérable; ils se sont échappés. Comment? ils te le diront.... Enfin, les voilà.... Si je les abandonne sur les grands chemins, on les ramasse et on les envoie l'un d'un côté, l'autre d'un autre, dans quelque maison de correction.... Faut pas laisser faire ça, ce serait les perdre; prends-les avec toi.... à eux deux ils valent bien le garçon qui t'a quitté.... Ils travaille-

« C'est mon ami Jean, » leur dit le père Antoine. (Page 210.)

ront et tu les nourriras.... tu trouveras une petite place pour les loger.... Enfin tu feras pour le mieux. Il est bien possible que l'état ne leur plaise pas; s'ils trouvent mieux, ils le prendront. Fais comme s'ils t'appartenaient.

— C'est bien, dit Jean avec gravité, il sera fait comme tu désires.

— Merci! mon vieux.

— Bon! il n'y a pas de quoi! Ne faut-il pas s'entr'aider en ce bas monde?

— Çà, venez ici, vous autres, dit le père Antoine en prenant les deux enfants par la main, voilà votre maître ou plutôt votre père, car c'est un bon et brave homme que mon ami Jean. Il faut lui obéir et bien faire la besogne qu'il vous commandera. Dame! ce n'est pas un métier de muscadin; avant huit jours vous serez aussi noirs que lui. Mais cela importe peu, si vous êtes aussi honnêtes.... Sur ce, au revoir et bon courage! S'il plaît à Dieu, je repasserai par ici au mois d'octobre. »

Le brave homme embrassa les deux enfants, serra encore une fois la main de son ami et partit tout à fait.

Jean conduisit les deux enfants dans sa maisonnette, une espèce de hutte en terre dans laquelle était installé son ménage de solitaire. Cela se composait d'un lit de feuilles sèches, d'un bahut, d'un fourneau portatif, de deux marmites en terre, de quelques assiettes, d'une demi-douzaine de cuillers et fourchettes en étain et d'une cruche en grès pour aller puiser de l'eau à la fontaine.

« Voici ma demeure, dit-il à mes amis. Dame! ce n'est pas beau!... Mais on y est bien tout de même.... Toi, petite, comment t'appelles-tu?

— Aimée.

— Toi, petite Aimée, tu seras notre ménagère; je ne veux pas que tu touches au charbon. A nous deux, ton frère et moi, nous suffirons à la besogne.... Vois-tu, tu gouverneras la maison, tu tremperas la soupe, tu feras la lessive, tu raccommoderas notre linge. Ce sera bientôt fait, va, sois tranquille; il n'y en a pas beaucoup. Sais-tu coudre?

— Non, répondit Aimée en rougissant.

— Bon! c'est pas la peine de rougir, je te montrerai, moi.... puis aussi à savonner nos hardes. Si tu as de la bonne volonté, tout ira bien. »

Jean qui avait amassé une provision de feuilles sèches à quelques pas de sa demeure, leur en apporta suffisamment pour dresser deux lits; puis il exigea que mes amis quittassent les beaux habits que leur avait donnés la princesse de Rochemoussue, et reprissent les vieux que César avait apportés sur son épaule au bout d'un bâton.

« Il faut garder cela pour les dimanches et les jours fériés, disait Jean, on ne peut pas travailler lorsqu'on est en toilette. »

Et il avait bien raison.

Le soir, après la journée de travail, il les conduisit à Arbonne, où il acheta un dé à coudre, des ciseaux, des aiguilles et du fil pour Aimée, qui ne s'attendait pas à tant de générosité. Elle était reconnaissante, et cela faisait plaisir à Jean, qui s'amusait de voir combien elle était fière de pouvoir enfin, comme toutes les fillettes de son âge, porter des ciseaux attachés par un ruban à la ceinture de son tablier, et coudre ses robes s'il en était besoin.

César était toujours songeur; Balthasar galopait comme un fou dans les rues du village, entrait dans toutes les cours et mettait le nez à toutes les portes.

« Qu'est-ce qu'il a donc? » disait Jean.

Tout à coup il disparut; César inquiet partit devant pour le chercher, Aimée le suivit. On entendait le caniche qui aboyait dans une cour au fond de laquelle se trouvait une maison toute basse et toute petite dont les deux uniques chambres avaient leurs fenêtres encore ouvertes. César entra. Les bonnes gens soupaient.

« Qu'as tu donc? demanda Aimée à son frère, pourquoi es-tu si pâle? »

On ne voyait point Balthasar, mais on l'entendait toujours.

« Madame, dit poliment César à la maîtresse du

logis, notre chien est dans votre jardin, voulez-vous nous permettre d'aller le chercher?

— Attendez; il faut que je vous ouvre la porte.

— Ne vous dérangez pas; nous l'ouvrirons bien.

— Si vous savez comment on s'y prend, allez.... Mais voyez donc comme les animaux sont subtils! Il a fallu pour entrer dans le jardin, que celui-ci monte au grenier, et qu'il en descende par l'échelle qui est appuyée sur la lucarne. Un homme n'aurait pas trouvé ça! »

Les enfants se rendirent au jardin. Balthasar était fourré dans une petite loge en maçonnerie, on eut de la peine à l'en faire sortir, il fallut l'emporter.

« Viens, dit César à Aimée, que je te montre comme il y a de belles roses par ici. »

Et il contourna un avancement que formait le four sur le jardin. Les roses étaient superbes en effet. C'étaient des mille-feuilles, mais elles commençaient seulement à s'ouvrir. Mes amis, qui n'osaient en cueillir, se contentaient d'en respirer le parfum.

« Tiens! vous saviez donc qu'il y avait là des rosiers? dit la femme qui, ne voyant pas ressortir les enfants, était venue pour voir ce qu'ils faisaient. Ils ont été plantés par ceux qui possédaient la maison avant nous. De braves gens qui sont morts bien malheureusement.... Vous en avez peut-être entendu parler?... »

César n'eut pas la force de répondre; il se sauva parce qu'il avait envie de pleurer. Dehors, il put donner cours à ses larmes, et son cœur fut soulagé.

« Qu'a-t-il donc, ton frère? demanda la femme à Aimée, pourquoi se sauve-t-il comme cela?

— C'est sans doute parce qu'il ne veut pas faire attendre notre maître qui est dans la rue.

— Votre maître? Ah! mon Dieu! est-ce que vous êtes déjà en condition?

— Oui, répondit Aimée, » en fermant la porte. Puis elle ajouta : « Je vous remercie, madame.

— Il n'y a pas de quoi, ma petite, dit obligeamment la femme.... A une autre fois, si l'occasion se représente. »

Aimée sortit, et trouva Jean qui questionnait César.

« Voilà ce que c'est, dit la petite fille, dans le temps que nous étions à Paris, il rêvait toujours de la campagne, de bois, de villages, de rochers, enfin de tout ce qu'on voit par ici, n'est-ce pas, César?... C'est bien singulier, allez, cette petite maison et ce jardin, on eût dit qu'il les connaissait, n'est-ce pas? dis donc, César? »

Le pauvre enfant sanglotait.

« Nous ne reviendrons plus par ici, va, calme-toi, » lui disait Jean, qui ne savait que penser de cet accès de douleur.

On rentra tout attristé à la maison; cependant le lendemain dès le matin César se mit courageusement à l'ouvrage. Il était fort et ne s'épargnait pas la peine. Jean l'encourageait.

Quant à Aimée elle rangeait, lavait et balayait comme une petite femme. Jean lui avait appris comment il fallait faire, et elle s'acquittait déjà bien de sa tâche. Puis il lui montra à coudre.

Il fallait voir le bonhomme assis sur l'herbe, les jambes croisées à la façon des tailleurs, tenant d'une main une grosse aiguille dans laquelle était passée une aune d'un gros fil noir.

On mettait des bouts de manches à une blouse de laine. Jean cousait en surjet. Ce n'était pas fin, oh! non, mais cela tenait bien, car le fil était solide.

Il disait à Aimée :

« Vois-tu bien, petite, regarde comme cela se fait : on attache un bout de l'étoffe à sa ceinture, on tient le reste ferme et bien tendu avec sa main gauche, de la droite on passe l'aiguille comme cela, on la tire de l'autre côté et le point se trouve fait. Essaye un peu à ton tour, pour voir si tu réussiras. »

Aimée prenait la manche et essayait; mais elle ne réussissait pas toujours. Pour un point qui pouvait rester, il y en avait dix qu'il fallait défaire. Tout lui causait de l'embarras; c'était son dé qui

« Essaye un peu à ton tour pour voir. (Page 218.)

tombait, le fil qui se bouclait, l'aiguille qui se défilait.... Que sais-je encore?... Puis elle prenait trop d'étoffe :

« Ne mords pas tant, petite, ne mords pas tant, » disait le brave homme.

Enfin, à chaque instant elle se piquait les doigts, mais ce n'était qu'un menu détail, elle ne s'en plaignait point.

César, accroupi devant elle, disait :

« Pas si loin, le point sera trop grand. »

Ou bien :

« Un peu plus à droite, un peu plus à gauche. »

Il lui ramassait son dé et enfilait les aiguilles.

Après quelques leçons, Aimée était aussi forte que son maître, qui, dans sa joie, imagina de tailler dans de vieux vêtements à lui, une blouse et un pantalon de fatigue pour César. Il prit la peine de bâtir toutes les coutures, Aimée fut chargée de les coudre. Elle s'en acquitta à la satisfaction générale. Dame ! vous pensez bien que les points se laissaient voir ; d'autant plus que le fil noir étant venu à manquer, on avait été obligé d'en employer du blanc ; mais Jean trouvait cela superbe, c'était le principal, n'est-ce pas ? Et puis deux jours après il n'y paraissait plus ; tout était de même couleur.

Certes, on ne menait pas une vie molle et oisive dans la hutte du charbonnier, et le soir chacun se couchait sur son lit de feuilles sèches, sans demander que la journée fût plus longue ; mais enfin on avait fait son devoir et on s'endormait le cœur satisfait.

Balthasar prenait un goût tout particulier à ce genre de vie. Il allait et venait à sa guise, courant dans le bois toute la journée, mais se trouvant toujours à la maison à l'heure des repas pour manger, et la nuit pour monter la garde. Nos amis le laissaient faire. Il paraissait d'ailleurs si bien connaître les chemins qu'il n'y avait pas lieu de se préoccuper de ses absences ; pourtant un soir il ne rentra pas à l'heure ordinaire. On fut inquiet. Le lendemain César remarqua que le caniche avait du sang au cou et des égratignures aux oreilles.

« Il se sera battu à la chasse, » dit Jean.

Et les choses en restèrent là.

Deux jours plus tard il n'était pas encore rentré à l'heure du souper ; on n'y fit point attention ; on se coucha même sans l'attendre. Mais cette fois il ne revint pas. Jean et mes amis s'en allèrent dans tous les villages des environs pour demander si on ne l'avait point vu.

« Il est venu tous les jours de la semaine passée, leur dit la maîtresse de la petite maison d'Arbonne. Mais, depuis deux ou trois jours, nous ne le voyons plus. »

Il était donc perdu ou bien, qui sait, mort dans quelque fossé loin de ceux qui l'aimaient.

Les pauvres enfants ne pouvaient se consoler de

ce malheur ; ils en avaient perdu le sommeil et l'appétit et faisaient pitié à Jean qui cherchait tous les moyens de les distraire.

CHAPITRE XIV.

César et Aimée à la comédie.

Enfin on gagna le vingt-cinq mai. C'était un dimanche, et à l'occasion de nous ne savons plus quel événement, il y avait fête à Fontainebleau. Jean leur promit de les y conduire ; on avança la besogne le samedi, et le lendemain dès huit heures tous trois étaient prêts à partir. Il les fit passer par les bois de Franchard afin qu'ils pussent contempler ces gorges et ces rochers sauvages qui font l'admiration des touristes. Aimée n'avait jamais rien soupçonné de pareil ; il n'en était pas de même de César qui se détourna pour voir la roche qui pleure et la grotte de l'ermite. Près de la maison du garde, un nuage lui passa devant les yeux, il chancela.

« Qu'est-ce encore? demanda Jean qui l'observait.

— Tout à coup, répondit l'enfant, il s'est présenté à mon esprit comme une vision d'homme et de femme mutilés !... mais ce n'est plus rien. »

Tous trois cheminaient d'un bon pas; ils voulaient arriver assez tôt pour entendre la messe. Jean, qui savait lire, portait son gros paroissien sous le bras. Il l'ouvrit à l'église et suivit l'office avec un recueillement admirable; se mettant à genoux, s'asseyant ou se tenant debout selon qu'on était à l'Évangile, au Credo ou à l'Élévation. Dans ce beau livre, — objet d'une grande admiration de la part de mes amis, — dans ce beau livre, qui avait été imprimé à Limoges en dix-huit cent huit, plusieurs passages étaient notés, Jean les psalmodiait naïvement à haute voix, et sans s'inquiéter le moins du monde de la cacophonie que cela formait avec le plain-chant romain qu'on psalmodiait au lutrin.

Quant à mes amis, bien lavés, bien peignés, ils lui faisaient honneur par leur gentillesse et leur bonne tenue, et se contentaient de répéter à voix basse les prières qu'il leur avait apprises. Après la messe, on mangea un morceau sur le pouce en se promenant dans le parc, où toute la belle société s'était donné rendez-vous. A deux heures on décida qu'on irait à la comédie.

il y avait sur la place du marché une demi-douzaine de baraques qui faisaient rage avec leurs parades. La foule qui les regardait était épaisse, mais Jean savait se faire de la place, et, grâce à lui, les deux enfants se trouvèrent bientôt au premier rang. Après avoir écouté pendant quelque temps la musique de forcenés et les sottises que les saltimbanques débitaient au public, César et Aimée se décidèrent pour une baraque où un individu costumé en diable, et un autre en pierrot, jouaient du fifre et de la grosse caisse, pendant qu'une assez belle fille en spencer de velours et en jupe de tulle, exécutait un pas de fantaisie, qu'elle interrompait à chaque instant pour venir souffleter le pierrot, lequel, sous prétexte de lui faire des compliments, lui disait de malicieuses naïvetés. Nos amis, et la foule avec eux, riaient de bon cœur de la façon comique dont le pierrot recevait le soufflet, et des grimaces qu'il faisait en affectant d'avoir la mâchoire disloquée. Pendant qu'ils s'amusaient aux *bagatelles* de la porte, Jean étudiait la toile au milieu de laquelle était représentée toute la troupe faisant la pyramide ; de chaque côté on voyait les saltimbanques sautant par-dessus un magnifique cheval alezan brûlé, et de l'autre, la belle fille aux soufflets dansant sur la corde. Tout à fait en haut sur une large bande nouvellement ajoutée on lisait la réclame suivante :

« Exhibition d'un chien savant élevé et dressé par le roi d'Astrakhanie, Mithridate soixante-quinze? » Cette inscription, qui tirait l'œil de la foule, donnait à penser à Jean; et sans rien dire à mes amis, le brave homme les fit entrer les premiers dans la baraque. Ils n'avaient que des places de seconde classe, mais cela ne faisait rien; on y était bien tout de même, et d'ailleurs ils ne tenaient point à briller au premier rang.

Mes amis étaient fort émus de tout ce qu'ils allaient voir, car, malgré les descriptions merveilleuses que Sabin s'était plu jadis à leur faire, ils ne pouvaient en avoir qu'une faible idée. Sabin, du reste, avait une façon de raconter qui présentait mal les choses à des esprits simples et neufs comme eux.

Enfin, le spectacle commença. Deux garçons qui n'avaient pas plus de huit ans, firent la culbute sur une vieille couverture qui servait de tapis; ils se prenaient par le bout du pied et se retournaient à tour de rôle comme des sacs de son. Après ces enfants, on amena un pauvre vieux cheval dont les reins affaissés, les jambes vacillantes, le garrot tendu et la tête morne ne disaient que trop les fatigues. Tous les hommes de la troupe, — ils étaient huit, — sautèrent assez lestement par-dessus en s'aidant de la main. Puis la belle fille dansa sur la corde. Il y eut ensuite un entr'acte pendant lequel la danseuse fit une quête.

Alors l'individu costumé en diable vint annoncer que la seconde partie du spectacle se composait des exercices de M. Sabin, le célèbre jongleur, qui n'avait pas encore douze ans révolus, et dépassait de cent coudées en adresse et en habileté le célèbre Z.... du *Cirque de Paris*. Mes amis, à l'idée de revoir leur compagnon d'aventures, se sentirent quelque peu troublés. Le diable annonça en outre l'exhibition du chien savant, et, pour clore le spectacle, le grrrand tableau de la pyramide!

Sabin s'avança et fit un beau salut aux spectateurs.

« Sabin, demanda Jean, n'est-ce pas ainsi que s'appelait votre voleur?

— Oui, répondit César, et c'est le même que vous voyez là. »

Sabin était véritablement habile; de plus, il possédait au suprême degré l'art de se rendre sympathique à la foule, qu'il savait émouvoir et dont il s'attirait l'admiration par l'aisance, la sûreté, la hardiesse et l'ardeur qu'il mettait à ses exercices. Il était, du reste, le seul de la bande qui fût réellement artiste. Aussi, dès qu'il se présentait, était-il toujours bien accueilli!

Lorsqu'il eut achevé ses exercices accoutumés, on lui apporta un petit chien dont le pelage était si singulier qu'il semblait teint.

Mais alors l'illustre Lucifer jugea convenable de

faire un speech aux spectateurs pour les préparer aux merveilles qu'ils étaient admis à contempler.

« Mesdames et messieurs, dit-il gracieusement, le chien que nous avons l'honneur de vous présenter ne se trouve plus qu'en Astrakhanie, un royaume qui est situé, géographiquement parlant, entre la Chine et l'Hindoustan. Mais ce sont là des choses que vous savez aussi bien que moi.... si ce n'est mieux. » (Approbation du public à cette flatterie délicate.)

César et Aimée étaient tout yeux et tout oreilles.

« Depuis des siècles, reprit Lucifer, cette race au pelage brun, tacheté de feu, comme vous voyez, est disparue de notre vieille Europe. — Vous pouvez, si cela vous plaît, consulter le travail qu'a fait sur ce sujet l'illustre Cuvier, un savant français, un de nos compatriotes, messieurs. — Cette race est donc disparue de notre vieille Europe ; vous verrez aussi dans les ouvrages de l'illustre naturaliste que je viens de vous nommer, qu'elle est antédiluvienne. Il y est également prouvé que les individus en sont plus intelligents que ceux de toutes les autres. Et ce, par la raison toute simple qu'ils ont le cerveau plus développé d'un tiers.... au moins. Regardez le crâne de celui-ci!... Du reste, pour que vous ne conserviez aucun doute à ce sujet, monsieur Sabin (les artistes aiment à se donner mutuellement le titre de monsieur)', Monsieur Sabin aura l'honneur de faire circulermador dans la salle.... Maintenant, mesdames et messieurs, je dois, pour rendre hommage à la vérité et justice à qui de droit, déclarer que ce chien a été dressé par mon auguste maître.... et ami, le roi d'Astrakhanie, Mithridate soixante-quinze, en personne ; un grand roi, messieurs, qui aime ces charmantes bêtes avec la même passion qu'avait jadis pour elles le roi de France, Henri III, surnommé le dernier des Valois, à cause de son courage et de sa valeur, comme vous savez tous.... Si je vous donne tous ces détails, mesdames et messieurs, c'est parce que je ne voudrais pas que vous crussiez.... »

Cet imparfait du subjonctif fit bondir un titi (il y a des titis partout) qui s'écria :

« As-tu pas bientôt fini de nous ennuyer avec ton chien ! Avec ça qu'on ne voit pas que c'est un caniche et que tu l'as teint toi-même !

— Puisque t'as un cuvier, cria un autre, tu feras bien de le mettre dedans avec une forte lessive pour lui rendre sa couleur naturelle. »

A ces propos le public (le public est inconstant dans ses admirations, hélas !), le public se mit à rire bruyamment.

Lucifer était mécontent.

« Voyons, fit le premier titi, assez de *blague* comme ça... Ça devient *embêtant*. Montre-nous ce qu'il sait faire, ton caniche, et passons à autre chose ! »

On rit de nouveau. Seuls mes amis étaient sérieux. Lorsqu'on se fut calmé, Sabin présenta au chien un cerceau en papier en lui disant pour l'encourager.

« Holà ! Nador, holà ! »

Mais Nador humait l'air de tous côtés et ne regardait point le cerceau.

César et Aimée étaient tout debout sur leur banc.

« Balthasar ! s'écrièrent-ils en même temps, ici, Balthasar ! »

Le chien s'élança, mais Sabin eut le temps de le retenir.

« Balthasar ! c'est Balthasar ! criaient les deux enfants ; ici, ici, Balthasar ! »

Le chien mordit Sabin pour se débarrasser de lui, et d'un bond franchit l'espace qui le séparait de mes amis.

Cela fit émeute dans la baraque. Tous les spectateurs s'étaient levés ; on criait, on gesticulait, on interpellait Lucifer et Sabin. Tout le monde demandait des explications. Alors Jean réclama le silence d'une voix forte, et, avec l'assurance que donne le bon droit, il dit en montrant Lucifer et Sabin :

« Ces gens sont des misérables ; ils ont volé ce

chien à mes enfants adoptifs : César et Aimée, que voilà.

— Vous en avez menti ! s'écria Sabin furieux. Ce chien est à moi. Ici, Nador ! »

Mais Nador fit la sourde oreille.

« Vous voyez ! » dit Jean au public.

Mais comme toujours, mes petits lecteurs, il se trouva des soutiens pour la mauvaise cause, et les deux saltimbanques furent en un clin d'œil entourés de gens qui criaient :

« Prouvez, prouvez donc que ce chien est à vous ?

— Oui, oui, donnez des preuves, répétaient Lucifer et Sabin, auprès de qui toute la troupe était accourue.

— Pour preuve, dit Jean, je donne ma parole !

— Ce n'est pas une preuve, ça !...

— Comment ce n'est pas une preuve !

— Allons, allons, mon brave homme, rendez Nador à Lucifer, qui en est le véritable propriétaire. »

La belle fille et sa mère, — une horrible vieille, ridée et maquillée, — toutes deux le poing sur la hanche, apostrophaient Jean en termes aussi violents que grossiers.

« Si vous ne rendez pas Nador, nous allons vou conduire au poste, disaient les amis de Lucifer.

— Faites ! » répondait Jean toujours calme.

César et Aimée tremblaient comme les feuilles des arbres pendant l'orage.

« Faites ! dites-vous ? Eh bien ! nous allons voir ! »

Et ces individus qui n'avaient aucune raison de préférer Lucifer à Jean, mais qui cherchaient tout simplement à donner carrière à leur humeur batailleuse, s'apprêtaient à tomber sur le brave homme à bras raccourcis, lorsqu'un gendarme, qu'on avait été chercher, entra dans la baraque. Aussitôt trois enfants, deux jeunes garçons et une fillette, coururent à sa rencontre.

« Monsieur le brigadier, dit le plus âgé, il faut que vous fassiez rendre justice à ces enfants. Ce chien leur appartient. Ils l'avaient avec eux lorsqu'ils étaient aux Granges, chez mon père.

— Soyez tranquille, monsieur Richard, répondit le brigadier.

— Mais vous-même, monsieur le brigadier, vous l'avez vu le jour où vous les avez rencontrés à la ferme.

— Je ne m'en souviens pas, monsieur Richard.

— Quoi ! vous ne vous en souvenez pas ? Mais regardez-les donc.

— Eux, je les reconnais, mais le chien....

— Monsieur le brigadier, je vous donne ma parole, moi, qu'il est à eux !

César et Aimée tremblaient. (Page 234.)

— Bien, monsieur Richard.

— Demandez à Florentin et à Florentine, si vous doutez encore.

— Non, monsieur Richard, je ne doute pas....

— Qu'est-ce que c'est, qu'est-ce que c'est? s'écriait-on autour de Lucifer. Un gendarme qui reçoit des ordres d'un enfant? Qu'est-ce que M. Richard vient faire ici? Nous ne connaissons pas M. Richard, nous autres....

— Monsieur le brigadier, dit Lucifer avec le calme d'un honnête homme, faites votre devoir; rendez-nous Nador et chassez ces imposteurs! »

A vous dire vrai, mes petits lecteurs, le brigadier était fort embarrassé. Il ne doutait point que les saltimbanques ne fussent des coquins, mais toutes les apparences d'honnêteté étaient pour eux.

« A bas le brigadier qui ne fait pas son devoir! cria-t-on dans la foule.

— A bas le brigadier! » répétèrent des voix nombreuses.

On ne s'imagine pas combien de gens sont heureux de crier à bas quelqu'un ou à bas quelque chose!

En attendant, Lucifer, qui était habile et ne voulait pas avoir l'air d'encourager les mutins, fit taire ses partisans.

« Monsieur le brigadier, dit-il poliment, croyez que personne plus que moi ne respecte la justice et l'autorité dont vous êtes le digne représentant. Obtenez seulement que ce brave homme et ces enfants, que je veux bien croire victimes d'une erreur, lâchent Nador, qu'ils serrent dans leurs bras comme s'ils voulaient l'étouffer, faites qu'ils lui rendent sa liberté. Il va de suite revenir avec M. Sabin, et le spectacle pourra continuer. »

Mes amis tenaient en effet Balthasar serré avec force contre leur poitrine, et se défendaient courageusement contre les agressions des jeunes saltimbanques qui voulaient le reprendre.

« Allons, allons, brigadier, faites votre devoir! » disait-on autour de Lucifer.

Richard indigné vint s'asseoir avec Florentin et Florentine auprès de César et d'Aimée pour les soutenir et les encourager.

Le brigadier, tout en imposant silence à la foule, réfléchissait à la conduite qu'il devait tenir. Quelque chose lui disait que Lucifer était le voleur; il avait comme un vague souvenir d'avoir rencontré ces saltimbanques, et il cherchait quel compte ils avaient à régler avec la justice. Mais où les avait-il vus!... A Villeneuve? Peut-être bien. Seulement, comme il n'en était pas certain, il ne pouvait rien faire. On n'arrête pas les gens sur de simples soupçons.

Sabin, lui, ne perdait point le temps en réflexions ; il connaissait parfaitement la vérité que cherchait le bon gendarme ; mais son intérêt n'était point de la divulguer. Il s'était approché traîtreusement des enfants, et là, un morceau de sucre entre les dents, un autre dans chaque main, il attendit que l'occasion se montrât propice. Elle ne tarda point. Les plus jeunes enfants de Lucifer faisaient out leur possible pour battre mes amis ; ceux-ci, obligés de repousser leurs attaques, ouvrirent in prudemment les bras. Au même instant Sabin enleva Balthasar qui, s'enlaçant après lui, se mit à lui lécher la figure et les mains. Le pauvre animal, qu... jeûnait souvent depuis qu'il était devenu le pensionnaire de Lucifer, dévorait le sucre que Sabin avait entre les dents. Alors le bon public, celui qui jusque-là avait soutenu César et Aimée, tourna du côté de Lucifer, pour qui la partie était gagnée, et aussitôt un haro s'éleva contre mes malheureux amis et contre Jean, leur père adoptif :

« A la porte, les escrocs ! criait-on de tous côtés, au poste les voleurs !... etc., etc....

— Je n'en demande pas tant, dit le généreux et prudent Lucifer, qu'ils s'en aillent et qu'on n'en entende plus parler. »

On les expulsa sur-le-champ de la baraque, et Jean lui-même, le brave Jean dont la probité n'avait auparavant jamais reçu d'atteinte, dut chercher dans la retraite un refuge contre les mauvais propos qui lui arrivaient de toute part.

« J'espère, dit-il en sortant, que la justice prendra bientôt sa revanche et que votre triomphe ne sera pas de longue durée. »

La représentation continua. La faim faisait faire à Balthasar des choses qui devaient singulièrement répugner à sa conscience de chien honnête.

« C'est égal, dit un titi en sortant du spectacle, je ne suis pas encore convaincu, moi, car ce chien n'était qu'un caniche déguisé. Et il me semble qu'il n'est pas besoin du discernement de Salomon pour savoir où est le bon droit dans tout ça. »

Richard, ainsi que Florentin et Florentine, incapables d'abandonner des amis dans la défaite, avaient suivi César et Aimée, et leur proposaient, pour les consoler, de les conduire chez Mme de Senneçay, où devait se trouver M. Lebègue.

« Venez, disait Richard, mon père vous fera rendre Balthasar.

— Non, monsieur Richard, non, répondit Jean ; vous êtes bien honnête, mais nous ne pouvons accepter votre offre. Madame votre tante ne nous connaît pas ; aller comme cela chez elle serait lui causer de l'embarras et peut-être du désagrément. Nous préférons retourner à la maison. Parlez de nous à monsieur votre papa, et, s'il le désire, nous irons le voir. Tout le monde sait que c'est un digne homme. Vous lui direz, monsieur Richard, que nous sommes à ses ordres. »

CHAPITRE XV.

**L'histoire que raconte le vieux Cyprien.
La fin de tout cela.**

Et Jean emmena César et Aimée, qui fondaient en larmes. Ils rencontrèrent sur la place quelques anciens d'Arbonne qui se préparaient à reprendre le chemin de leur village. Quand on est vieux, on n'a bientôt assez du tumulte des fêtes ; le bruit, les tambours, les spectacles, les danses, la musique, tout cela vous étourdit et ne vous dit plus rien à l'imagination. On lui préfère cent fois le silence des bois, qui permet à l'esprit de se recueillir ; l'ombrage des vieux arbres, où l'on est si bien pour deviser du temps passé, et la contemplation de la campagne, qui réjouit le cœur en lui parlant sans cesse d'avenir.

Ils arrêtèrent Jean, qui se préparait à passer outre.

« Ne voulez-vous donc point que nous fassions route ensemble, père Jean? demandèrent-ils.

— Pour moi, répondit Jean, je ne demande pas mieux, et si cela vous convient ?...

— Venez, mon brave. Un honnête homme de plus ne gâtera pas notre société.... Mais vous emmenez trop tôt ces pauvres enfants; ils auraient voulu rester pour voir le feu d'artifice.... C'est sans doute ce qui les fait pleurer.

— Non, répondit Jean ; ils sont plus raisonnables que cela, Dieu merci !... S'ils pleurent, c'est qu'ils en ont réellement sujet. »

Et il raconta, en peu de mots, leur affaire et l'histoire de Balthasar.

« Balthasar, dit un vieillard comme en cherchant dans ses souvenirs, où donc ai-je connu un chien qui s'appelait Balthasar ? »

Le désespoir de mes amis se calmait dans la société de ces braves gens, qui les regardaient avec une attention singulière.

« Est-ce qu'ils sont à vous, ces enfants-là, père Jean, demanda l'un d'entre eux en relevant la tête de César pour le regarder en face.

— Non. »

Et Jean dit comment ils lui étaient arrivés.

« C'est singulier tout cela. »

On continua de marcher.

« C'est étrange, reprit le même vieillard, plus je regarde ces enfants et plus il me semble les avoir déjà vus.

— Et moi de même, dit un autre.... Mais ce n'est pas étonnant; le garçon a dans le tour du visage un faux air de ressemblance avec ton petit-fils.

— C'est donc cela !... Ne trouves-tu pas aussi que la fille a quelque chose dans les traits qui rapelle ta petite-fille?.... La nature est bizarre dans ses rapprochements. S'ils étaient d'Arbonne, ce ne serait pas étonnant; tous les habitants y sont plus ou moins parents les uns des autres.... Mais des enfants qui sont nés on ne sait où, à l'autre bout de la France, peut-être. »

On repassa près de Franchard, César, ému de nouveau, contint son émotion. Pas assez cependant pour n'être pas remarqué du vieux paysan qui l'observait.

« Pourquoi donc, mon garçon, que tu deviens si pâle? demanda-t-il; serais-tu malade?

— Non, répondit César, je vous remercie.... »

Et il partit en avant avec sa sœur pour échapper aux questions qu'on pourrait lui faire encore, et auxquelles il était embarrassé de répondre.

« Ah! père Jean, reprit le vieillard, je ne passe

jamais ici sans être ému par le souvenir d'un malheur dont notre famille y a été frappée.... il y a juste six ans, jour pour jour.... On était au lundi, mais c'était le 25 de mai, comme aujourd'hui... Étiez-vous déjà dans le pays, il y a six ans, père Jean ?

— Non, à la Saint-Pierre, il n'y aura encore que cinq ans.

— N'importe! vous avez dû en entendre parler....

« La femme était ma nièce.... C'était une toute jeune personne, puisqu'il fallait encore aller jusqu'à la Saint-Denis pour qu'elle eût ses vingt-quatre ans accomplis.... Son mari était plus âgé de quelques années.... Nous les avions mariés cinq ans auparavant dans la semaine de Pâques.... Il y a onze ans de cela; mais qu'est-ce qu'onze ans pour un vieillard? Je m'en souviens comme d'aujourd'hui!....

« Son père, mon propre frère, qui était le plus jeune de sept garçons, est mort le premier. Il a donné le signal; les autres l'ont rapidement suivi; il ne reste plus aujourd'hui que François, mon compagnon de route, et moi le plus âgé de tous.... Ma nièce perdit sa mère peu de temps après. La pauvre petite devint orpheline dès son bas âge, au moment où les soins de ses parents lui étaient le plus indispensables. Elle nous restait donc sur les bras à sept ans avec un tout petit bien ; une maison et un jardin que vous avez pu voir à l'entrée du village du côté de la forêt. A quatorze ans, elle savait lire, écrire et compter mieux que pas un autre enfant de l'école. Nous lui fîmes alors apprendre l'état de couturière, afin qu'elle pût gagner sa vie et se tirer d'affaire sans le secours d'autrui.... A dix-huit ans elle parla de se marier ; elle avait fait la connaissance d'un carrier qui lui plaisait. Un carrier, ça ne nous convenait pas trop à nous autres.... Nous sommes tous cultivateurs dans la famille, et nous aurions voulu lui voir épouser un homme qui fût aussi cultivateur.... Et puis, les carriers sont moins bien vus ; ça gagne de l'argent, mais ça s'amuse.... Et d'ailleurs ils ne tiennent pas au sol comme nous autres, dont quelques familles ont des racines qui remontent à plus de deux cents ans dans le pays. Ils sont changeants, et, pour un rien, une contrariété, un caprice, transportent leur nid dans les quatre coins de la France. Je craignais de voir un jour ma nièce partir comme cela.... Mais ça lui plaisait, il fallut bien la laisser faire !... C'était, du reste, un bon garçon ; il se conduisait bien et la rendait heureuse.... Ils avaient deux enfants, deux chérubins, deux petites têtes blondes ; un garçon et une fille. Enfin on pouvait croire que c'était un ménage béni d'en haut ... Dans nos familles on est solidaire les uns des autres ! on partage les mêmes joies et on s'afflige des mêmes peines : nous étions heureux de son bonheur, et nous avions lieu d'espérer qu'il serait durable, lorsqu'un jour, il faisait beau comme aujourd'hui, mais c'était dans la matinée, on vint me chercher pour me conduire dans la forêt où ma nièce m'attendait, disait-on. Je voyais bien qu'il y avait quelque chose; on me donnait à entendre qu'un malheur était arrivé.....Mais lequel? Moi, je ne devinais pas. Qui aurait pu supposer cela?.... Pourtant, j'avais prié François de m'accompagner. Notre guide nous conduisit à l'abbaye de Franchard. A la porte je vis les deux petits enfants; ils étaient assis à l'ombre avec les enfants du garde. L'aîné, qui avait déjà quatre ans, se tenait immobile et comme stupéfié. Il ne pleurait pas, mais il était frappé. Mon frère et moi, nous fûmes saisis de le voir en cet état. — « Père Cyprien, me dit mon guide, il faut demander à Dieu de vous donner du courage. »

« Nous entrâmes. Oh! père Jean, que le bon Dieu vous préserve de voir jamais ce que nous vîmes alors !... Ma nièce, ma pauvre nièce ! une enfant que j'avais élevée ! Une jeune et belle femme tout à l'heure pleine de vie et de santé.... Elle gisait là sur un lit de sangle, mutilée, sanglante, les membres hachés ! — Et elle vivait; le cœur n'avait pas été atteint!... La pauvre enfant, elle poussait des cris!... Oh! ces cris-là, ils ne me sortiront jamais de la mémoire, il me semble que je les entendrai encore dans l'éternité. Son mari se mourait sur un autre lit à côté d'elle.... Et elle voyait cela!... On ne peut rien imaginer de plus affreux!... Les malheureux, on avait, sans les prévenir, mis le feu à une roche sur laquelle ils s'étaient assis pour prendre leur repas.... J'avais alors soixante-dix ans ; dites, père Jean, n'était-ce pas pitoyable d'être arrivé jusqu'à cet âge pour voir de telles choses ! »

Comme je vous l'ai dit, mes petits lecteurs, César et Aimée marchaient en avant; ils n'avaient donc pu entendre cette douloureuse histoire. Mais Jean l'avait écoutée attentivement; et à l'aide de certains rapprochements, il cherchait à convertir en certitude les soupçons qui n'avaient cessé de le poursuivre depuis la première visite de mes amis à Arbonne.

« Et les enfants? demanda-t-il au vieux Cyprien.
— Les enfants? Ah voici : Le frère du mari de ma nièce, un monsieur qui était établi marchand à Paris les emmena chez lui. C'était leur oncle et leur plus proche parent; il en avait le droit. Il fallut, pour aider à les élever, vendre la petite maison qui ne rapportait presque rien et en placer l'argent sur l'État. Ce nous fut un gros crève-cœur,

car c'était la maison où nous étions tous nés et où nos parents étaient morts. Si j'avais eu de l'argent alors, je l'aurais achetée; mais j'avais déjà donné mon bien à mes enfants; eux, de leur côté, obligés de me faire une rente et d'élever leur famille, avaient trop de charges pour mettre là deux ou trois billets de mille francs. François se trouvait alors dans une position absolument semblable à la mienne.

— Mais, reprit Jean, absorbé par ses propres pensées, vous les avez revus depuis?

— Les enfants? Non; ce monsieur de Paris n'était pas disposé à frayer avec de petites gens comme nous....

— Mais vous lui avez écrit pour demander de leurs nouvelles?

— Oui, certes; mais jamais il ne nous a répondu. Mon gendre a même fait le voyage de Paris exprès pour les voir; mais M. Joseph Ledoux ne demeurait plus à l'adresse qu'il nous avait donnée.

— Et vous n'en avez plus entendu parler?

— Si.... on a fait courir des bruits sur son compte; on a dit qu'il était ruiné, et que les enfants....

— Que les enfants?...

— Il ne faut pas croire tout ce qu'on dit, père Jean. Si M. Ledoux avait été ruiné, ne nous aurait-il pas rendu nos petits-neveux?

Elle poussait des cris!... (Page 249.)

— Hum! fit Jean; on ne sait pas!... »

Le père Cyprien était visiblement inquiet. On touchait aux premières maisons d'Arbonne.

« C'est là-bas, dit-il, que demeurait ma pauvre nièce. Mais voyez donc, père Jean, que de monde rassemblé devant la porte! Serait-il encore arrivé un malheur?... »

Jean hâta le pas. Comme il arrivait, il vit César et Aimée qui tenaient Balthasar. Le brave caniche s'était enfin échappé des mains de M. Sabin et de Lucifer. Les habitants d'Arbonne voulaient savoir d'où venait ce singulier chien.

« C'est le caniche de ces pauvres enfants, disait la maîtresse de la maison. Ce pauvre animal! je ne sais qui l'a mis en cet état, mais il en est tout honteux.

— Oui, c'est Balthasar, dit Jean. Enfin il nous est revenu!... le voilà!... Pauvre vieil ami!... Il ne nous quittera plus maintenant.

— Balthasar? fit Cyprien. C'est ma nièce qui avait un chien de ce nom.... »

César avait pris la main de Jean et était entré dans la maison. Surexcité outre mesure, il allait d'une pièce dans l'autre, montrant les meubles, ouvrant les portes....

« Rien n'est changé! » dit-il enfin.

Puis il s'évanouit.

« Rien n'est changé? répéta Cyprien, qui avait

suivi l'enfant. Que veut-il dire, votre garçon, père Jean? »

En ce moment une calèche et deux cavaliers s'arrêtaient devant la maison. C'étaient M. Richard et M. Lebègue, puis Mme de Senneçay, accompagnée de Florentin et de Florentine.

Aussitôt, avec la rapidité de la foudre, le bruit se répandit dans le village que les enfants de Hubert Ledoux étaient revenus à Arbonne. En moins d'un instant toutes les maisons furent désertes, et les vieillards, les grandes personnes, les enfants, toute la population enfin se trouva réunie devant la maison qui avait appartenu à la nièce du vieux Cyprien. Le village tout entier voulait adopter les orphelins. C'était à qui les verrait le plus tôt et les embrasserait le premier. On se racontait leurs épreuves, et on frémissait au récit de leur misère.

« Ils mendiaient sur la voie publique, s'écriait Cyprien, et nous ne le savions pas!... Est-il possible, mon Dieu! que vous ayez permis cela!... »

Comme vous vous y attendez bien, mes petits lecteurs, M. Lebègue et Mme de Senneçay, qu'ils reconnurent pour la dame à la pièce d'or, étaient venus pour réclamer nos amis. On les consulta, ils voulaient bien rester avec le vieux Cyprien et tous les habitants du village, mais ne demandaient pas mieux que de suivre M. Richard, ainsi que Florentin et Florentine. Seulement ils ne voulaient

Lucifer et sa noble famille. (Page 257.)

à aucun prix se séparer de Jean. Le brave homme, qui riait et pleurait d'attendrissement derrière la foule, se chargea de leur faire entendre raison. Il s'engagea à leur écrire souvent, mais à condition qu'eux-mêmes, lorsqu'ils seraient à Fontainebleau chez leur protectrice, Mme de Senneçay, ils viendraient voir leurs vieux oncles à Arbonne, et continueraient leur promenade jusque dans la forêt du côté où lui, Jean, aurait établi ses fourneaux.

Le soir même, Lucifer et sa noble famille étaient reconnus pour les incendiaires de Villeneuve-le-Roi, et le brigadier Poulain, que vous avez rencontré aux Granges lorsqu'il n'était encore que simple gendarme, avait enfin la satisfaction de les arrêter. Balthasar ne devait plus rien avoir à craindre de Sabin désormais.

Peut-être bien, mes petits lecteurs, que vous vous demandez si César et Aimée avaient réellement la vocation de domestiques.... *dans des maisons où il n'y a rien à faire?* Non, rassurez-vous. M. Lebègue et Mme de Senneçay les ont fait élever à la ferme des Granges, où la bonne Victoire, heureuse de les voir enfin fixés près d'elle, leur a constamment donné les soins d'une mère. L'excellente fille, pour ne point se séparer d'eux, a renoncé à se marier. Jusqu'à ce qu'ils eussent atteint leur quinzième année, mes amis, qui, je l'espère, sont un peu devenus les vôtres, ont été à l'école avec Florentin et Florentine. Ensuite M. Lebègue et M. Robert mirent tous leurs soins à faire de César un agriculteur distingué, et Mme de Senneçay voulut achever elle-même l'éducation d'Aimée. Elle lui a donné la raison, le bon sens élevé, la dignité modeste qu'on voudrait rencontrer chez toutes les femmes en général, mais plus encore, peut-être, chez celles qui sont destinées à mener une existence laborieuse, soit aux champs, soit dans les villes.

Dernièrement un double mariage avait lieu à Orly. C'était César qui épousait Florentine, et Aimée qui épousait Florentin. Les témoins des époux étaient M. Lebègue et M. Robert, d'un côté, et de l'autre le père Antoine et son ami Jean. On me disait hier que César et sa femme allaient partir avec M. Richard pour assainir et mettre en culture une immense propriété que M. Lebègue vient d'acheter en Sologne. Il s'agit d'un millier d'hectares au moins; mais la tâche n'effraie ni César ni M. Richard, qui tous deux sont actifs, intelligents et courageux.

Quant à Aimée et à Florentin, ils demeurent à Orly auprès de leurs parents.

Parmi mes petits lecteurs, il s'en trouvera peut-être quelques-uns qui se diront que nos héros n'ont point fait une assez grande fortune. Je ne m'y suis pas opposée, quant à moi; seulement il n'entre point dans le caractère de César et d'Aimée de chercher le bonheur dans la possession des richesses ou des grandeurs. Ils ont toutes les qualités voulues pour faire l'un et l'autre, un bon père et une bonne mère de famille.... Mais ils ne sont encore qu'au début de la vie, et nous ne savons point ce que la Providence leur réserve.

FIN.

TABLE.

Chapitres.		Pages.
I.	César, Aimée et son compagnon Balthasar.........	1
II.	Où il est prouvé que la fortune nous arrive parfois à l'improviste, sans être attendue, et qu'elle s'en va non moins vite................................	11
III.	Ce que pense le père Antoine sur la manière dont on doit gagner sa vie............................	21
IV.	César et Aimée devant l'église Saint-Séverin......	37
V.	Fuite de mes amis................................	45
VI.	Florentin et Florentine...........................	55
VII.	A la ferme des Granges...........................	75
VIII.	M. Richard Lebègue. Mes amis travaillent........	99
IX.	En flânant. Une nouvelle connaissance............	115
X.	Sabin à Essonne. Mes amis à Chantemerle........	164
XI.	Au château de Rochemoussue....................	179
XII.	Mes amis font une rencontre aussi heureuse qu'inattendue..	197
XIII.	Mes amis chez le père Jean.......................	209
XIV.	César et Aimée à la comédie.....................	225
XV.	L'histoire que raconte le vieux Cyprien. La fin de tout cela...	243

FIN DE LA TABLE.

9636. — IMPRIMERIE GÉNÉRALE DE CH. LAHURE
Rue de Fleurus, 9, à Paris

BIBLIOTHÈQUE ROSE ILLUSTRÉE

(suite)

Le Sage. *Aventures de Gil Blas*, édition destinée à l'adolescence. 1 vol. 42 vignettes.
Loyal serviteur (Le). *Histoire du chevalier Bayard.* 1 volume illustré.
Mac Intosch (Miss). *Contes américains*, trad. par Mme Dionis. 2 vol. 120 vign. par E. Bayard.
Maistre (Xavier de). *OEuvres choisies.* 1 vol. 20 vignettes par Bayard.
Marcel (Mme Jeanne) *Les petits vagabonds.* 1 vol. 25 vignettes par E. Bayard.
— *Histoire d'un cheval de bois.* 1 vol. 20 vignettes par E. Bayard.
Marc-Monnier. *Pompéi et les Pompéiens.* 1 vol. 20 vign. par Thérond.
Martin. *Les contes allemands*, imités de Hébel et de Karl Simrock. 1 vol. 25 vignettes par Bertall.
Mayne-Reid (le capitaine) Ouvrages traduits de l'anglais.
— *A fond de cale!* 1 vol. 12 vignettes.
— *A la mer!* 1 vol. 12 vign.
— *Bruin, ou les chasseurs d'ours*, 1 vol. 8 vignettes.
— *Le chasseur de plantes*, 1 vol. 12 vign.
— *Les exilés dans la forêt*, 1 vol. 12 vign.
— *Les grimpeurs de rochers*, 1 vol. 20 vignettes.
— *Les peuples étranges.* 1 vol. 8 vignettes.
— *Les vacances des jeunes Boërs.* 1 vol. 12 vignettes.
— *Les veillées de chasse.* 1 vol. 43 vign.
— *L'Habitation du désert*, ou *Aventures d'une famille perdue dans les solitudes de l'Amérique.* 1 vol. 24 vignettes par Gustave Doré.
Molière. *OEuvres choisies et abrégées à l'usage de la jeunesse.* 22 vignettes sur bois par E. Hillemacher. 2 vol.
Pape-Carpentier (Mme). *Histoires et leçons de choses pour les enfants.* 1 vol. illustré de 80 vignettes.
Perrault, Mmes **d'Aulnay, Le prince de Beaumont.** *Contes de Fées.* 1 vol. 40 vignettes par Bertall.
Porchat. *Contes merveilleux.* 2e édition. 1 vol. 24 vignettes par Bertall.
Pitray, née de Ségur (Mme la vicomtesse de). *Les Enfants des Tuileries*, 1 vol. 25 vignettes par E. Bayard.
— *Les Débuts du gros Philéas.* 1 vol. 57 vignettes par H. Castelli.
Plutarque. *Les Grecs illustres*, édition abrégée sur la traduction de M. Talbot, par Alph. Feillet, et illustrée de vign. par P. Sellier.
Retz (cardinal de). *Mémoires abrégés par* Alph. Feillet, 39 vignettes par Gilbert. 1 volume.

Ségur (Mme la comtesse de). *Nouveaux contes de fées.* 4e édition. 1 vol. 46 vignettes par G. Doré et H. Didier.
— *Mauvais Génie.* 1 vol. 80 vignettes par E. Bayard.
— *Quel amour d'enfant!* 1 vol 74 vignettes par E. Bayard.
— *La Fortune de Gaspard.* 1 vol. 33 vignettes par Gerlier.
— *Comédies et Proverbes.* 1 vol. 60 vignettes par E. Bayard.
— *François le Bossu.* 2e édition. 1 vol. 100 vignettes par E. Bayard.
— *Jean qui grogne et Jean qui rit.* 1 vol 80 vignettes par Castelli.
— *La Sœur de Gribouille.* 2e édition. 1 vol. 70 vign. par Castelli.
— *L'Auberge de l'Ange-Gardien* 3e édition. 1 vol. 75 vignettes par Foulquier.
— *Le général Dourakine.* 3e édition. 1 vol. 108 vignettes par E. Bayard.
— *Les Bons Enfants.* 3e édition. 1 vol. 70 vignettes par Ferogio.
— *Les Deux Nigauds.* 3e édition. 1 vol. 70 vignettes par Castelli.
— *Les Malheurs de Sophie.* 4e édition. 1 vol. 42 vign. par Castelli.
— *Les Petites Filles modèles.* 5e édition. 1 vol. 21 gr. vignettes par Bertall.
— *Les Vacances.* 4e édition. 1 vol. 40 vignettes par Bertall.
— *Mémoires d'un Ane.* 6e édition. 1 vol. illustré par Castelli.
— *Pauvre Blaise.* 1 vol. 76 vignettes par H. Castelli.
— *Un bon petit Diable.* 1 vol. 100 vignettes par H. Castelli.
Speke. *Les Sources du Nil*, édition abrégée des Voyages de Speke et de Grant. 1 vol. 24 vignettes et 3 cartes.
Stolz (Mme de). *Le Trésor de Nanette.* 1 vol. 35 vign. par E. Bayard.
Swift. *Voyages de Gulliver à Lilliput, à Broodingnag et au pays des Houyhnhnms*, abrégés à l'usage des enfants. 1 vol. 57 vignettes.
Taulier, *Les Robinsons de la Grande-Chartreuse.* 1 vol. 40 vign. par E. Bayard et Hubert-Clerget.
Tournier. *Les Enfantines*, poésies à l'usage de la jeunesse. 20 vignettes par Gustave Roux.
Vambéry (Arminius). *Voyage d'un faux Derviche dans l'Asie centrale*, édition abrégée. 1 vol. 16 vignettes et 1 carte.
Vimont (Ch.). *Histoire d'un navire.* 4e éd. 1 vol. 40 vignettes par Alex. Vimont.
Virgile. *OEuvres choisies*, traduites et abrégées par Th. Barrau et Alph. Feillet. 1 vol. 20 vignettes par Sellier.

Imprimerie générale de Ch. Lahure, rue de Fleurus, 9, à Paris.